海豚男 著

# 神明怎麼那麼可愛！

## 寶島諸神降落，有看有保庇！

# 作者介紹

先自我介紹
我是海豚男！
感謝閱讀本書的你！

我從無名小站時代開始，
一直從事網路平台創作，
至今也十六年了。

我出過一本圖文書、
一本日本旅遊書，
現在在國語日報上
連載冷知識時光機單元。

這是我的好友栗子頭，
一直是作品
裡的搞笑擔當。

我明明是
顏值擔當！

這是小咪，
栗子頭的女友。

這是小公主，
栗子頭的姪女！

以往的農曆七月，我都會分享鬼故事單元。

說到為什麼想畫神明的可愛故事？

但雖說是鬼故事，內容都是以搞笑為主。

因為你怕鬼！俗辣！

我連看微疼的鬼故事YouTube都要用兩倍速，降低恐怖感。

我就俗辣！

後來我在分享知名鬼故事陳守娘時，故事裡也出現了神明們。

讓我發現台灣的民間鄉野傳奇中，有很多神明抓鬼降魔的有趣故事。

挖了這個故事坑後，我就想著要如何用有趣的網路圖文，

把這片土地上的各種傳奇故事介紹給大家。

我在蒐集資料時，對台灣民間信仰中的人神互動印象深刻。
信徒有時會把神擬人化，神明也會跟隨時代，產生不同的變化，這也是我想傳達的可愛跟有趣之處。

我曾經看過日本旅遊雜誌封面，選擇的是現代街景與廟宇融合的畫面。
仔細想想，我們吸引外國人的，很多是我們習以為常的民俗文化特色。

也的確有很多外國人來台體驗這些民俗信仰，比如跟著媽祖遶境進香、拜月老廟、算命等。

這裡採用了說書的方式，希望能讓大家更加了解這些民俗文化。

也加入了大家都比較好理解的網路迷因，希望能更加深你的記憶，也讓你會心一笑！

現代的人才不會相信這些不科學的東西咧！

那你放在電腦旁邊的東西是？

這不是台積電聯名的綠色乖乖嗎？

還有唐國師的星座運勢書～

我偶爾會相信東方的神祕力量。

希望本書的內容可以讓你對神明多一分了解，也可以讓你會心一笑。
下次去拜拜時，也可以跟親友們炫耀一下你的「神」知識喔！

最後，本書內容見解可能因人而異，僅供大家參考喔！

切勿過度迷信

# 前　言

讓我們開始了解台灣可愛神明的冷知識之旅吧！
首先，讓我們先來了解民間信仰裡的分靈系統。

關於台灣廟宇，一定有人這樣想過，為什麼每間
廟的神明都會重複？
那些媽祖、土地公、王爺們，都是同一個神嗎？
那神明故事是不是就都互通？

簡單來說，神明大多會有祖廟，每個祖廟分出去的神像就
叫分靈，或分香、分火。
雖然神明的名稱都一樣，比如都是媽祖，但神明的分靈都
是分出去的獨立個體，也都有自己的法力、神力。

在網路上看過一個很好懂的比喻。

神明就像一家店，後來因為要服務的範圍變大了，得讓業務到其他地區才行，所以分派分靈部將去開了加盟店。

這些分靈都代表著本公司在外做出口碑，香火旺盛了，分店也會跟總店一樣有影響力，甚至也能分出去更多的加盟店。

但他們還是需要總店的神力，所以每隔一段時間，就會回祖廟刈火，回去增添或補充自己的法力（像補MP一樣）。

其實日本的神明也有一樣的分靈概念，
也是由各神社勸請祭神分靈祭拜，可以
無限分割這點，意外地跟我們有很多相
似的地方。

所以雖然每間店的名字都一樣，但這些分出去的分店長都
有不同個性，喜好做事的風格也都不一樣。

就像有名的白沙屯媽祖、北港媽祖等，雖然都是媽祖，但
大家會視各區的媽祖為個體神，祂們給人的個性感受、行
事風格也明顯不同。

當然，也有凡人變神的特例故事，這些我後面會另外跟大
家介紹（老高口氣）。

讓我們開始進入台灣民間信仰，那些關於神的小知識吧！

目　錄

目　錄

目 錄

# 值得一看的奇廟祭典

# 最親民的神明里長伯

福德正神，也就是常說的土地公，或客家人稱伯公，是最常見的地方守護神。
台灣有紀錄供奉的廟宇千千萬，土地公就占了一半，且數量是第二名的快兩倍。

說台灣土地公的密度比里長還高、是最接近人民的神明，也一點都不為過。

土地公也是我介紹神明創作的起點，所以這個篇章，我想就用加入網路迷因的方式介紹，讓大家認識祂老人家在台灣各種有趣的傳說吧！

# 老婆臉色不太好

## 宜蘭縣五結鄉・雙妻土地公

起因於一九九九年。

有一位住在台北的林姓台商，說自己在該年五、六月，夢到四結福德廟的土地公身旁，有一位雍容華貴的土地婆，所以在隔年農曆二月初二，於廈門買了一尊土地婆，贈予廟方。

廟方因為當年台灣盛行兩岸通婚的風氣，所以覺得可以採台商通婚的模式，並說已經獲得開基土地公與原配土地婆的同意，於是在二〇一一年，廟方正式替土地公娶二房、辦了婚禮。

有趣的是，有信徒觀察，表示最早的開基土地婆的神像，表情跟後來的新版土地婆對比，很明顯表情比較不開心。

因為雙妻的土地公很特別，新聞也報導了土地公娶大陸新娘的消息，這件事被傳開後，雙妻的特色廟變得更聲名遠播，大家都來廟裡看有兩尊土地婆陪伴的特殊景象。

大家有機會去宜蘭時，可以去四結福德廟看看，兩位土地婆的面容是否真的有差異喔！

你名義的土地婆
在你背後非常火

# 除了月老以外的
# 婚姻介紹所？

四結福德廟還有個特色，就是後殿有很多土地婆神像。

這個故事要從二○一○年一月說起。當時彰化和美福安宮裡的主委，他的兒子在台北淡水發生了車禍，傷重倒地、無法動彈。

在同學叫救護車來之前，他發現有個慈祥的老阿婆牽著一輛腳踏車，慢慢走到他身邊，摸了摸不能動的他後，就牽著車子走掉了。

接著原本傷重的他，居然變得能夠爬起來坐著等待救援，最後救護車也順利趕到，將他送醫。

兒子將這件事轉述給主委後，兩人都很想知道救命的老婆婆是誰？於是回到福安宮跟土地公請示。

結果土地公表示，那位是祂心目中的理想老婆，主委便趕緊請信徒去四處找尋，最後在四結福德廟發現了祂。

身材不錯喔，滿結實的啊！

阿婆你……幹嘛啊，好痛！

我看你是完全不懂喔……

四結福德廟內的土地婆神像們被稱為神姑，也被視為四結土地公的妹妹們。信徒們於是向祂們擲筊請示：祢們之中，誰是希望來福安宮的那位土地婆？後經過燒香、擲筊後，終於找到了這位願意嫁給福安宮土地公的土地婆，兩間廟後來就結為了親家。

而其他神姑們，也有很多希望自家土地公脫單不孤單的信徒前來求娶喔！

我的妹妹哪有那麼多！

醒醒吧土地公！祢沒有妹妹！

我全家都是妹妹！你才沒有妹妹！

當然土地公娶老婆不是信徒說了算。

除了廟兩邊都要擲筊、經過土地公跟神姑兩邊同意結緣，才可以訂婚辦婚宴迎娶，現在只要廟裡有土地公的妹妹要出嫁，村裡就會又熱鬧起來，辦起婚宴的祭典來慶祝。

迎娶土地婆也比照傳統習俗，一點都不馬虎。幫土地婆上頭紗、掛頭錢，準備聘禮、帶路雞、上花轎等都不少。

只要有土地公想要找老伴，只要四結福德廟的神姑同意，就能迎娶回家。到現在，已經有二十八間廟宇促成良緣，還有土地婆是跨國婚姻，遠嫁到新加坡去呢！

真的是神仙伴侶欸！

嫁給我吧～妳願意和我成為神仙伴侶嗎？

我願意！

不過台中教育大學民俗學教授林茂賢指出，其實道教民俗上並沒有迎娶土地婆的習俗，也沒有土地公妹妹出嫁的例子，這類活動比較像是人類社會的人際關係建立，以爭取信眾目光。

# 我的老公被偷走了!

## 桃園大園‧雙公土地婆

聽完有兩個老婆的土地公,我們來看看兩個老公的土地婆。

桃園大園的下厝福德祠的事發生在一九七○年代。那時候賭大家樂的風氣盛行,很多愛求神明報明牌的賭徒會偷走、霸占神像。

在當年就發生了土地公神像被偷走、害得土地婆被強制單身的事件。廟方被土地婆託夢,希望廟方能幫祂再雕一尊土地公,廟方於是訂製了新的土地公神尊,不讓土地婆孤單。

結果三年後,被偷走的土地公竟然被偷偷送回了廟裡!

這原本應該是要開心的事,但由於廟裡變成供奉了兩個土地公、土地婆夾在中間而顯得微妙。

一直放在一起,好像土地婆有兩個老公一樣,但送走其中一位也不合適,於是後來廟方討論後,決定選出爐主讓新土地公輪值。(不是你二四六,我一三五,星期天放假)

新土地公交由擲筊選出的爐主們輪流供奉，舊土地公留在廟中。不過每年農曆二月初二、八月十五、十一月十九這三天，爐主會把土地公請回廟中，讓三位神明重聚，很多信徒也會特地回來看看，甚至也有幼稚園戶外教學來此。（這戶外教學有點酷XD）

土地婆一妻二夫的特別奇景，在西洋情人節時，也會有信眾獻上巧克力花束給祂們。（信徒超可愛）

今年巧克力有點多啊

好羨慕！

但沒想到二○○八年的十月，舊土地公再度失竊。

信徒擲筊請示土地婆，決定讓新土地公回來，繼續保佑地方平安。

當時任爐主的黃明發表示，若舊土地公能再回家，重演「一妻二夫共處一室」，屆時再請示土地婆，決定誰該留下、誰該「流浪」。

不過福德祠總幹事表示，他也有擲筊問失蹤的舊土地公能否自己回來，但舊土地公表示自己現在已經永不見天日，恐怕無法回去了。

廟方猜測可能小偷賭輸洩恨，將神像丟入河裡之類，因而廟中的奇特情景，應該是不會再出現了。

# 單身錯了嗎？！

## 南投竹山・憑實力單身的土地公

雖然土地公廟超級多，但不是所有廟裡的土地公都有土地婆。
一般來說，都是土地公託夢想找伴的時候，信眾才會幫土地公找伴、娶老婆。
但位於南投竹山鎮鯉魚里的護堤福德宮，就發生了少見的逼婚土地公事件。
有余姓信眾說他受到乩童跟佛祖的指示，募款雕刻了一尊土地婆、寫好聘單，還要求廟方要準備好三牲、酒禮、飯菜一桌等迎娶禮儀物品，要在土地公的入火安座日迎娶土地婆。
但突然有老婆自己要嫁過來，也先問問土地公的意願才行啊！
村民們於是討論後擲筊請示，土地公都沒有聖筊答應。但那位信眾不放棄，偷偷來廟裡塞土地婆。
這下怎麼辦？只好廟門加上鎖，與村民勤加巡邏，避免土地公一夜之間被歡樂送上老婆的事件發生啦！

而且民俗專家也表示，一般土地公結婚，都是自己向地方信徒託夢，若不是土地公的意願，被迫撮合恐怕不會有好事。（真的，強逼的婚姻不會幸福啊！單身也很好啊！）

還好該信眾因為村民都反對，最後也表達尊重，沒有促成沒關係。（是啊，讓土地公自己決定老婆才會幸福啊。）

新聞說你的國民老婆，新垣結衣已經結婚了。

不要幫我決定老婆好嗎？

我的老婆很多的！周子瑜、綾瀨遙、雷姆、凌波零……

宅宅的老婆永遠不嫌多……

# 逼逼！祢違反了菸害防治法！

## 台南市安平區・被迫戒菸的王大善人

安平古堡旁的西龍殿裡，有個近代凡人成神的土地公。

這位土地公生前，是安平當地有錢的地方士紳，名字也讓人印象深刻，名叫做王雞屎。會取這種不好聽的名字，是因為以前的人們相信，名字越難聽的小孩，就會越好養。

相傳在日治時代，王雞屎生於製鹽會社的總工家。據子孫敘述，在日治時期，台南的第一家百貨林百貨公司裡，那個沒有信用卡的時代，他是安平唯一一個可以不用現金、只靠簽名，讓人到家裡收錢的富人公子。

除了財富聲名遠揚，他的善心也被許多人所熟知。當時製鹽會社的工作，都要當天才知道需要多少工人，因此當時，很多非台南本地的外地人大老遠跑來，卻因為人數超過需求而白跑一趟。

而王雞屎總是很好心的，施予每個工人一點錢跟一頓飯才讓他們回去，他王大善人的名聲也不逕而走。

王雞屎土地公除了名字特別，祂的神像造型也很特別。約莫二十公分的迷你高度，手上卻拿著比身體還長約三十公分的菸斗，據說是因為祂生前愛抽菸，所以才有這種特殊造型。

但因為沒有人交代來歷，造型又這麼特別，到底神像是誰一直都是個謎團，因此一直被閒置在偏殿的角落。直到某次廟裡乩童起乩，廟中的神明開示這個拿菸斗的神像就是王雞屎，才知道他因為行善，升格成了當地的守護神土地公，並讓祂上神桌共享香火。

有意思的是，廟中人員開始讓祂上神桌祭拜後，王雞屎早已經搬離安平的後人子孫們突然來到廟中，表示有神明指示他們回到安平西龍殿「尋根」。

他們原本也不相信，直到看到自己的祖先真的變成了神明，也直呼不可思議。

因為王雞屎喜愛抽菸及拿著煙管的造型，廟方不忘每天幫神像的菸斗放上香菸，讓祂解癮。但後來因為政府開始實施菸害防治法，同屬公共室內場所的廟宇也就變得不能抽菸。台南市府的新聞稿還特地提到，敬菸的信眾也列為規範內。

當時衛生局長被問到西龍殿的神像吸菸，這要罰嗎？局長知道後還愣了一下，表示雖然不能罰神明，但會罰點菸的人，所以廟方也請信眾來不要敬菸，王雞屎土地公也就得戒菸了。

（台南的飛虎將軍菸癮也很大，廟方也是勸神明戒菸很頭痛XD）

不過土地公抽菸這件事，發生過一件神奇的相關案件。

廟方在二〇二一年九月時，發生一名王姓小偷進來偷香油錢。犯案手法是用尼龍繩綁口香糖，到處去廟裡偷黏香油錢。

第一次去西龍殿時，他得手了三千元，第二次想故技重施時，卻發現神像上有支點燃的香菸。他不知道這是為愛抽菸的神像所點的香菸，誤以為廟方人員在附近，不敢下手犯案，趕緊離開。

廟方也不知道為何，在王男離開後不久，就突然想要看監視器，因此發現行竊的事，便趕緊報案抓到了這位慣竊，監視器影片也上了新聞。

王男被捕後，表示第一次犯案時，他有拜拜跟神明表示，自己生活不好過，請神明讓他「借」三千元；第二次去就沒有拜拜，倉皇逃離卻反而被抓個正著。

因為土地公抽菸的關係被逮，也算是特別的破案故事啊。

常說柯南裡的犯人，是鼻屎大的動機，汪洋般的殺意。

這個則是雞屎般的動機呢。

# 你把我演老了！
## 彰化花壇白沙坑・文德宮土地公

台灣知名的老牌演員廖峻，大概是台灣人公認最適合扮演土地公的人選。

曾經有娛樂新聞報導，有次他在寺廟拍攝時，被進來的香客誤以為是超大神像，（應該心想做的可真精緻）還對他持香彎腰，準備膜拜。他覺得人怎麼可以被拜，趕緊起身卻嚇了對方一跳。信徒笑說以為看到土地公顯靈，不過也證明廖峻扮演的土地公真的很像。

有次廖峻在錄製新戲＜土地公傳奇＞，在新聞訪問時提到，拍戲空檔被有靈異體質的朋友打電話來說，土地公託夢要他轉達廖峻，他所扮演的土地公形象跟祂本尊有所出入。

因戲中扮演的土地公，鬍子是常見的白色，但故事演的是彰化花壇的白沙坑文德宮土地公故事，在現實廟裡，本尊的外型是黑鬍子、戴官帽、沒拿拐杖的造型，土地公覺得白鬍子讓祂顯老了。（土地公真的很注意形象呢）

土地公還一直指著他的帽子，於是朋友問：「你們是不是要拍到官帽被偷的劇情？」讓廖峻大吃一驚。因為原來劇情正如土地公所說，沒想到土地公居然連這個都知道。（這算不算提早暴雷？）

不過造型不同的問題，廖峻只好跟土地公道歉，因為已經拍了三天、要連戲無法重拍，請土地公見諒。

但為什麼這位土地公不是戴一般的員外帽，而是烏紗官帽？

傳說是因為古時的考生曾維楨。他是第一位進入翰林院任職的台籍官員，所以有「開台翰林」的稱號。

他當年帶著文德宮土地公的香火上京考試，相傳在殿試時，道光皇帝看到考生後面站著一位白髮紅臉的老人卻又瞬間消失。皇帝問考生該人是誰？曾維楨回說他沒有帶人一起來，只有攜帶了家鄉的土地公香火，可能是土地公來陪考。（好像棋靈王的佐為啊）

皇帝明白這是土地公顯靈，所以敕封土地公與曾同官格，賜與官帽及烏紗帽一頂，所以文德宮的土地公神像才會戴烏紗帽。

祂的帽子也因此叫翰林帽，一手拿元寶、沒有拿拐杖的黑鬍子外型。還因為是皇帝敕封爵位，地位比一般土地公高階，所以神桌上多了文判與武判在兩旁喔！

說到官帽，這邊特別介紹一個土地公不願意戴官帽的有趣事件。

在南投市內轆的福德宮，曾發生爐主幫土地公戴上特製的王爺帽兩次，但隔天早上都發現帽子被脫下，放在神像一旁的事件。

因為該廟晚上都會上鎖，沒有人可以進入，所以廟方擲筊詢問土地公。土地公表示自己自認官位不到，所以不敢逾越身分戴王爺帽。

看得出神明界除了外型打扮要符合信眾對神明身分的概念外，也很注重官場倫理。且土地公戴官帽的例子真的是少數，通常要被皇上御賜官位才有，比如台南市鎮轆境頂土地廟裡的土地公，也是被升為一品官才有官帽的造型。

以前我接過幫蘆洲五福宮土地公廟募資蓋廟的案子。當時需要繪製土地公，窗口也表示他們有擲筊問過土地公，他的造型有沒有特別的需求？土地公希望我畫時不要太可愛、能夠帥氣一點最好，至於虎爺就可愛賣萌也沒關係XD

我覺得神明真的會在乎被演出或繪製的穿著打扮，所以我相信廖峻會接到土地公對自己的造型有意見的電話是真的。

把土地公
畫可愛點

把土地公
畫帥一點

你幫我託夢給
導演抱怨一下，
我也想要年輕點
的造型啊。

好啦。

土地婆 →

# 一天嗑掉兩萬碗

## 南投縣中寮鄉・愛吃泡麵的土地公

南投縣中寮鄉的石龍宮雖然位於深山裡，卻是一間人氣很旺、以泡麵聞名的泡麵土地公廟。

每當土地公生日時，信徒捐贈的泡麵都多到堆積如山，石龍宮廟裡面也有提供泡麵用的熱水器，讓來的信眾能現場拜拜完後，能拿起旁邊的泡麵開吃！想吃多少拿多少！

據說某年土地公生日當天，信眾的人潮就嗑掉了兩萬碗！泡麵土地公廟真的名不虛傳！

但為什麼石龍廟供桌上，大家都是拜泡麵呢？

有個說法是以前全民瘋大家樂、求明牌的時期，大家都相信深山的土地公更靈驗，一直到現在，供桌附近都還有沙盤讓人看明牌（現在可能是彩券迷看數字），據說有緣人自己就會看到。

但因為廟地處偏遠的深山裡，信徒來到這裡肚子都餓了，附近又沒有賣吃的，所以許多信徒改為帶著泡麵來當祭品，拜完又能直接拿來吃，非常方便！

很多信眾會帶整箱的來拜，沒吃完的就留給其他需要的人，結果形成大家都在吃泡麵的奇景。久了就變成去這間廟，就會買泡麵來拜土地公的習俗。

現在廟方也會把捐贈給土地公廟的泡麵送給需要的弱勢團體。跟最早的泡麵互助精神一樣，土地公也希望大家多作做善事，把資源分散給需要的人。

不知道土地公心中，有沒有最愛的泡麵排行呢？

# 台灣科技業守護神

## 新竹科學園區‧綠色乖乖土地公

在台灣，大家都知道的綠色乖乖都市傳說。

傳說只要把綠色乖乖放在機器上，就能讓機器乖乖不故障。不管是工程師還是學生，甚至醫院的電腦機台，都可以看到綠色乖乖放在上面，且還有要記得在有效過期前更換等禁忌。

綠色乖乖的迷信還曾被日本、英國等國家報導過，當時網友都開玩笑說：「我們的國家機密被發現了！」

而在新竹科學園區，有一間台灣各大知名科技公司，如台積電、聯電、力晶、茂德、光磊等廠商捐錢合資蓋的土地公廟，名為金山集福宮。據說當竹科三期徵收時，不少土地公廟被毀，有六個土地公被集中於此處，所以才名為集福宮。

集福宮保佑科技廠的傳說不少，像是聯電曾發生生產線運轉的意外，去祭拜後就順暢了，竹科的業界也紛紛跟著去拜，廟裡的香火就跟著越來越旺盛。

據說主管常常會領著員工，分批帶供品前往拜拜，且都是一箱一箱的綠色乖乖，上面寫著：資訊部機台專用，把整箱的綠色乖乖疊得跟塔一樣高。

大家真的都很相信祭拜後的乖乖加持神力會更好。綠色乖乖的力量連台積電都出聯名版了，包裝上還寫著：你一包我一包，機台乖乖不出包，可見科技產業對這種神秘力量深信不疑。

集福宮可以說是綠色乖乖土地公廟，加上我們國家的科技產業重鎮在新竹，說集福宮的土地公守護著我們國家的科技業，也一點都不為過吧。

當老闆交代你買五箱乖乖，準備拿去拜土地公加持。

當老闆發現你買的是五香乖乖時。

# 拿坡里不行嗎？

## 清華大學・就是愛吃肯德基

清華大學人文社會學院後方的山坡地以前是塊墓地，後來都市計畫
遷葬都移走了。在此管理墓地的土地公向當地的靈媒委託，去找清
大教授請願：「因為（住戶）都搬走了，上頭長官指示現在要改變
業務項目，改為照顧清大的學生們。但因為要照顧學生，所以希望
能改建廟門方向，這樣才能看到學生。」（原本廟門是面對南方的
墓地群）

教授原本說，他一個人沒辦法決定，請土地公去跟哪幾個主管託夢比較快。土地公聽完後過了幾天，教授也沒跟主管說過這件事，但意外地聽到主管們在討論，說最近土地公託夢來請求整建廟的事，後來廟就如願整建完成了。

## 清華的土地公在託夢時有特地交代：

那個，土地公不考慮一下
拿坡里的炸雞桶嗎？

# 土地公的多重宇宙！

另外，在台中市的長春里和長榮里，居民在廟翻修時發現一起供奉的土地祠裡，竟然多了一尊土地公，最後經擲筊後，最後變成三尊並排在一起的狀態。

在新北市貢寮區，福隆里草嶺古道埡口處，有一間名為魷魚公廟的土地祠（不是玩魷魚遊戲的廟）。
傳說是清朝時期，有人在草嶺古道的陷阱上綁魷魚乾，結果獵人回來看到陷阱居然沒捕到兔子，而是捕到了魷魚乾，讓人們覺得是神明顯靈，就集資蓋了這間魷魚公廟。
這間廟的土地婆在二〇一四年時被偷走，風景區的站派員找不到神像，於是頭城鎮的里長就特地把在中國訂製的新土地婆神像放入廟中。
沒想到在兩年後，風管處的清潔工在撿拾垃圾時，發現舊的土地婆神像就在離廟大概兩百公尺處的草叢裡。
因為神像看起來很完整，大家猜測是被偷走後又拿回來棄置的，於是在跟土地公擲筊同意後，將舊土地婆放在土地公與新土地婆並排的前方供奉。（有尊重大老婆的感覺呢）

而在桃園區寶慶里的豐年宮土地祠，則是因為原本的農地被徵收為校地，但校地裡有日治時期就有的豐年祠、鎮安祠兩座土地廟，兩間廟信徒於是協調合併事宜。
但因為豐年祠有土地婆、鎮安祠沒有，合併就會變成「一女事二夫」的狀況。於是有人提議幫鎮安祠找土地婆，但反對者多；也有人覺得兩個土地公管區不同，這樣太擠，管理鎮安祠的葉德福則說他已請示土地公，擲筊了數十遍都無允杯，表示土地公寧可單身也不想跟其他神明同住（且感覺是當電燈泡吧），於是最後採取用牆區隔校內的兩間廟的做法解決此事。

# 宣告死亡的土地公

民間傳說，土地公除了守護人民，也會因為城隍爺人手不夠、事務繁忙，來幫忙往生者引路、辦理手續。由黑白無常跟牛頭馬面直接來接的，反而比較少。

傳說多數死者死後，因為沒有黑白無常接引，都不知道自己已經死亡，亡靈在外遊蕩的第六天日落後，土地公就會出現，跟他們說：「你已經死了！我帶你回家一趟後，再去找城隍爺報到。」

接著土地公會帶亡靈去洗手。（不是為了防疫）亡靈洗手後，看到自己指甲變黑脫落，才會接受自己已死的事實。

之後，土地公會帶亡靈回家探望家人為他辦理喪事，再帶到當地的城隍廟，找城隍爺做初審，和處理離開陽間的註銷戶籍手續，最後由牛頭馬面或黑白無常送到地府，面見第一殿的秦廣王。（土地公的業務真的好多好繁忙啊！）

# 土地公殺人事件！

嘉慶年間，宜蘭員山鄉的大湖一帶，有一位漳州人江日高，他集結了八十人一起墾荒耕地，後來分發給墾荒者一人一塊土地。當時為了感念土地公庇護，所以也給了土地公一塊地當廟產。

某年，一位叫添丁的農民（不是姓廖的那位）在田裡發現一具無名屍。依照當時清朝法律，規定如果你的土地上發生命案，你可是要負連帶責任的。

添丁不想連累好鄰居，便通知鄰居後一起將屍體拖到土地公廟地丟棄。

後來有人發現屍體、去報官府，當時的縣太爺因為沒有目擊者、也沒有人認識死者，在也懶得查清楚的情況下，判定既然是土地公的廟地，那土地公就要負最大責任，因此埋葬無名屍的所有支出，就由變賣土地公的廟地支付。

土地公就這樣被冤枉殺人，不但揹了黑鍋，還賣了廟產賠錢，最後只好委屈的跟普恩廟的三山國王陪祀在一起。

而「土地公殺人」這句話，後來變成宜蘭地方流傳的諺語。當人受到冤枉、百口莫辯時，就會說土地公殺人這句話，表示自己是清白的。

# 眾神之王天公伯

大家都知道玉皇大帝是仙界的大領神，眾神之王、至高無上的代表，人們相信祂擁有掌管人間萬物的賞罰權利，祂也是最常被人們呼喚的神明。

人們常說：「天公伯啊～」「我的老天爺～」「天啊～」

如果祂開著通訊軟體的話，大概就像好萊塢電影＜王牌天神＞裡的上帝一樣，是祈求願望的視窗響個不停的狀態吧！

民間傳說祂是統領天地人三界的神靈，所以很多神話故事裡常常會提到玉皇大帝。

不過其實在很多故事裡，玉皇大帝也常常被當作教化嘲諷題材的角色之一，比如禁止談戀愛、差點誤信讒言懲罰人們的故事都有祂。

接下來就來聽我講述這些玉皇大帝揹鍋的傳說吧！

# 禁止員工談戀愛！

## 是神界最雙標？還是背黑鍋？

在民間故事裡，玉皇大帝超愛拆散神仙情侶。雖然自己有瑤池金母皇后，還有二十四個女兒，卻在神話裡禁止神仙們談戀愛。

玉皇的三妹瑤姬，在傳說＜寶蓮燈劈山救母＞中，因與人類書生劉璽成婚，生下三聖母沉香，玉皇責怪祂私嫁凡人、觸犯天條，派二郎神楊戩把瑤姬關在桃花山下，直至沉香長大、修煉本領才打敗楊戩，劈山救母。

又比如金童在宴會裡不小心摔破了酒杯，玉女看見忍不住噗哧一笑，就被玉帝認定兩人動了凡心，貶為凡人，還將祂們配為夫妻但不許成婚，七次轉世都只能苦戀不能結合，只有第七世功德圓滿後才能回天上。（笑都不行，玉帝真的太嚴格了吧）

另外在董永與七仙女的民間故事裡，家境貧寒的董永因老父病故、無棺木可下葬，賣身葬父的孝行感動了玉帝的小女兒七仙女，於是祂下凡，在槐蔭樹下與董永結為夫妻。

七仙女在一夜之間織成十匹錦緞，幫董永從三年的工期改為百日。幫董永贖身後，本以為可以過上幸福快樂的生活，玉帝卻查出七仙女私下凡塵，下令降旨七仙女午時三刻，要祂拋夫棄子回天庭。

娘子～嗚嗚
童話裡都是騙人的～………

我回天上了～

看了這些，真的會覺得玉皇大帝好像真的超討厭神仙談戀愛。但王爺奶奶篇，我也介紹了人神聯姻的故事，其實也沒有看到玉帝出來反對的（我想玉帝不會因神雙標吧），所以我要為祂平反一下。

也許故事是暗諷當時社會的婚姻和戀愛充滿了不公平，才會在故事裡，讓玉皇大帝討厭神仙談戀愛、讓祂扮黑臉吧！

最近人間受疫情影響，
仙界同仁守護人間辛苦了。
有沒有什麼可以幫忙大家的？

人間抽國運籤時，
提醒注意疫情？

託夢今年遶境活動
暫停、延後？

舉辦仙界交友
聯誼活動？

# 台灣差點就ＧＧ！

## 過年原本是世界末日？

台灣要沉沒了？

我們大多聽到過年的由來，是中國傳過來的年獸版本，比如為了驅趕年獸，才有放鞭炮、貼紅紙等習俗。

想想年獸看到紅色衣服就
被嚇跑、點個燈就被嚇跑、
看到打掃也能被嚇跑，
這怪獸弱點太多了吧？

貼紅紙、放鞭炮就
能趕走的怪獸，
到底哪裡可怕了？

其實台灣有自己的過年傳說喔！最早有文字記載的，是李獻璋於一九三六年出版的《台灣民間文學集》。

故事的開始來自「燈猴」這種精怪。台灣民間信仰相信每種物品都有器物神，神桌上的燈猴，就是裝燈油的燈油盤變成的，傳說每年冬至時，人們都會在器具上黏上湯圓，慰勞祂們。

這這燈猴看起來就像寶Ｘ夢跑出來的設定啊。

但有一年人類忘記黏上湯圓，燈猴一氣之下，就上天庭跟玉皇大帝告狀，說人類都好吃懶做、忘恩負義、浪費食物，陷害台灣人。

什麼！食物拿來打乒乓？

玉皇大帝聽信證言後，下令龍王在除夕夜那天，降下能把台灣淹沒的大洪水（也有製造地震、讓台灣沉沒的版本）。

知道台灣末日即將來臨的神明們，趕快來跟玉帝求情。土地公一邊忙著向觀世音菩薩陳情，一邊忙著託夢通知人們，世界末日要來了，你們要做好準備啊！這也才有了一年最後一次祭拜土地公的活動：尾牙。

玉帝要把台灣淹沒，這下完了。

蒸丸 蒸的丸子

當時的台灣人覺得既然逃不了了，那就先把家中供奉的神明都請回天上吧，避免他們也被波及。而送神後，天兵天將會下來守護沒有神明保護的人們，這也是二四送神，二五神下降的習俗由來。

你們先回天庭吧！
不用跟我們一起被淹沒。

所有在外的家人，在除夕那天都回家了，把最好的食物都拿來祭拜祖先，煮最後最豐盛晚餐，長輩把錢財分給晚輩，以在黃泉路上使用。也不睡覺，一起等待最後末日一刻的到來。（除夕夜團圓飯，壓歲錢和守歲的習俗由來）

到了初一，台灣人發現台灣並沒有沉沒，大家都平安地活下來了

原來玉帝被眾神求情後，派遣手下調查真相，知道事實並非如燈猴
所說，於是收回命令，並懲罰燈猴。

所以人們初一到處出遊、報平安、互道恭喜、到廟裡感謝神明（過
年走春到處拜訪的由來），並放鞭炮和燒香感謝神明幫忙守護。
（開正的由來）

話說這個故事裡
的台灣百姓，
對世界末日的反應
感覺也太淡定了！

對啊，
世界末日快到了，
是我就會想做些平時
不敢做的事。

你是不有什麼
大膽的想法！？

不可以色色

# 你所不知道的天后們！

台灣人一定聽過大甲媽祖、白沙屯媽祖等知名媽祖。
不過其實台灣還有很多各有特色的媽祖故事傳說。
這邊要來介紹給大家我收集到的媽祖神知識跟鄉野傳奇，
一起來看看台灣最紅女神的故事！

# 獨愛LV！
# 別的品牌都不要！

### 台南市北區・最時尚媽祖

台南開基天后宮的媽祖，除了手上提著LV的包包外，身上還繫著
LV絲巾，戴著紅寶石戒指、珍珠耳環。

為什麼有這些時尚配件？這尊媽祖其實是開基萬曆媽的副駕。有信
徒夢到媽祖想要LV的名牌包，於是擲筊請示媽祖。

雖然廟裡有信徒反對，覺得太過時尚、不適合媽祖的形象，但結果
媽祖真的表示想拿LV包。

且信徒們還問了其他牌子，比如Gucci、愛馬仕等，媽祖還真的
就獨愛LV，所以後來出巡時，媽祖手上都會提著信徒送的迷你LV
包，大家也跟著把她封為LV媽祖了。

像LV媽祖出巡時，路線會經過台南的百貨新光三越。
可愛的廟方在門口暫時休息，讓媽祖進去逛逛百貨公司。

也擔心媽祖會順便進去逛精品、沒帶錢不方便，所以還在祂的LV包
包裡貼心放了沒有上限的黑卡，讓祂血拼不用擔心！
台灣的信徒真的很可愛！

等等！
所以是哪家銀行
核卡給媽祖的？

信徒自己做的卡啦。
不過我覺得媽祖說不定
想要用手機支付比較方便。
（重點錯）

原來神明也喜歡打扮得漂漂亮亮的啊！
這種信徒和神明彼此體貼的可愛互動，感覺與信徒之間真的很沒有
距離呢。

這個月
有新款式喔！
媽祖要看看嗎？

**VIP這邊請！**

# 王不見王？
# 天后就要聽天后唱歌！
## 彰化縣北斗・供奉於民宅的銀樓媽祖

大家都知道媽祖是天后，台灣的歌手也有天后。

當天后媽祖出現在天后張惠妹的演唱會上，這是多奇妙的畫面！但還真的發生了，這樣天后看天后演唱會的事件，當時還登上過新聞喔！

這位信徒是張惠妹的歌迷，因為實在買不到票，只好求媽祖幫忙，並在媽祖面前許了願，如果讓他找到票，他就把媽祖神尊一起帶到演唱會裡去看！

結果就發生了二〇一七年，在阿妹高雄巨蛋的「烏托邦世界巡城演唱會」上，銀樓媽祖坐在搖滾區第七排的奇特情景！

結果媽祖真的讓這位信徒一口氣買到四張三千六的搖滾區門票，信眾當然也就遵守承諾，撐著傘幫媽祖沿路開路進場，一起看天后的演唱會！

一旁排隊的歌迷看到都愣住，笑說天后買票來看天后。

當時阿妹在台上點名點到信徒，看到高舉的媽祖神像，詢問是想要保佑演唱會順利嗎？

信徒大聲喊著：「是天后想看天后！」

阿妹笑說：「謝謝，我第一次碰到這種事！」

全體觀眾也跟阿妹笑成一片。

這尊參加阿妹演唱會的媽祖，是供奉在彰化縣北斗民宅裡的銀樓媽。

為什麼叫銀樓媽？是因為當初接回媽祖供奉的是位銀樓少東。

他表示收到媽祖指示，將分靈從鹿港接回自己開銀樓的家供奉，結果因為銀樓媽很靈驗，信徒也日益變多，便有了這個外號。

但總不能讓銀樓變成一堆人進出的地方，於是又另找了民宅供奉。

銀樓媽也是出了名的有個性和行動力。

跟白沙屯媽一樣，遶境時銀樓媽搭的竹轎也是時常隨性的改變路線，連基督教的養護院都進去過。

信徒說有人需要媽祖幫忙時，祂就會去聽人家講話。

有次路上遇到白沙屯媽，兩個轎子還在路上直接停下來，轎身不停晃動，像兩神在打招呼寒暄一樣。

# 在媽祖肚子裡的媽祖

## 從新北野柳到萬里・在腹中的金面二媽

一七九六年,野柳的海上飄來一座媽祖神像。
傳說有一群漁民在遇到海難迷航時,看到一道金光,一閃一閃地指引他們回到野柳港,救了他們的命。

漁民於是沿著岸邊，想尋找金光的來源，結果在地質公園退潮後，才發現石洞裡的金面媽祖神像。

漁民相信，是媽祖發出金光庇佑他們，才讓他們平安回來的。

漁民感念媽祖，想要在原地幫祂蓋廟，卻一直擲無筊。

媽祖表示想要蓋在更熱鬧的地方，於是村民放出消息，消息傳到了金山萬里一帶，一位黃姓善人捐了土地蓋廟。但因為金山原本就有一尊福建移民過來時先來的媽祖了，先來後到，所以居民稱為開基大媽，野柳來的金面媽祖叫開基二媽。

但因為二媽很小尊，八吋高的尺寸跟大媽不成比例，所以信徒們擲筊詢問該怎麼處理。

答案是，再做一尊跟大媽一樣高的神尊！

但原本的八吋神尊該怎麼辦？信徒想到的方法是，把製作的大媽祖肚子挖空，把小媽祖放到裡面去封存，於是有了這個腹中媽祖的傳說。

這個傳說大概傳了兩百多年，但一直沒有人敢去證實。（畢竟誰敢剖腹媽祖啊！）

但就在二○一八年的八月二十日，有學術單位對二媽做研究，使用現代的X光跟微痕分析調查，才確認了二媽的肚子裡面真的有一尊媽祖的神像，也證實了傳說。

在二○一四年時，廟方為了重現傳說，特別復刻了一尊二媽分身，並也在腹中放了一尊從北港朝天宮請來，一樣有兩百多年歷史的媽祖神像，讓媽中媽的傳說也重現在二媽分身的腹中。

海豚男的想像

媽祖在肚子哩，
好像特攝片裡面
操作巨大機器人
一樣帥啊！

# 媽祖不叫林默娘

## 苗栗縣竹南鎮・如灰姑娘般的落腳三媽

位在竹南的龍鳳宮，供奉人稱三媽的「順贊三聖母」。其實不是像灰姑娘掉鞋子，而是每次出巡時，三媽的左腳（大約是腳踝的位置，連同鞋子）總會莫名脫落。就算雕刻師賭上了修復的專業，用了螺絲、膠水特別緊緊固定住了，但還是一樣，在遶境出巡時三媽的左腳就是會脫落。

信徒們相信，這是因為媽祖生前腳受傷的關係。且脫落左腳這件事，只有在出巡時才會發生。

信徒們覺得左腳脫落是媽祖真神降臨的神蹟，演變成遶境時，隊伍一定要等到三媽的左腳脫落後才出發的不成文慣例。

加上三媽總是在陣頭最前面，所以又被稱落腳三媽或開路先鋒媽。

特別的是，這位落腳三媽不是我們所熟知的林默娘，而是一位苗栗的平民女子，名叫羅珠娘。

珠娘在羅家當童養媳，雖然丈夫很早過世，但她還是非常的孝順。

在珠娘二十六歲時，遇到大水災，她為了救一個溺水的小孩，自己左腳受傷、最後也不幸溺斃。

後來只要天氣不好時，空中就會出現一位穿紅衣的女子。村民不解，便向龍鳳宮的媽祖請示祂的身分。

媽祖表示，祂是來救助信眾的羅珠娘，是為了讓信眾避開災難發生的積水地點才現身。

後來媽祖保奏封祂為順贊聖母，村民也在媽祖允許下幫祂雕刻金身，自此一同供奉。

不！
我的喬登十三代
球鞋開口笑了！

球場上，
球鞋落皮的
栗子頭。

# 不捨父母而流淚

## 台中市南屯區・另一位廖姓媽祖

不是姓林的媽祖還有一位，位於台中市萬和宮裡的老二媽本名廖品娘，成神的傳說，要從老二媽的神像完成時說起。

一八○三年，當時正要舉辦神像開光儀式，有位在萬和宮販賣針線女紅的商人，在往西屯販售的路上，遇到一位姑娘向他推銷。

姑娘說自己名叫廖品娘，住在西屯大魚池，有急事要去南屯萬和宮，請商人幫忙轉告她的父母不用為她傷心難過。

另外她家的大門前的桂花樹下埋有兩枚龍銀，也請商人轉告父母拿出來使用，便急忙走去萬和宮了。

商人雖然覺得一頭霧水，但還是去了她家轉告，廖家父母想說女兒明明在屋內啊，以為商人是在編什麼故事，結果進了屋內，才發現女兒早已沒有呼吸，挖開樹下，也真的埋有龍銀兩枚。

這是密室殺人事件！
我覺得兇手是商人的機率很高！

柯南看太多喔。

因為事情太不可思議，廖家父母便跑到萬和宮查個究竟。
這時看到剛開光的老二媽神像眼中竟流下了眼淚。父母和村民覺得是廖品娘羽化成神，因為看到父母來看她，心中不捨才流下眼淚。
廖品娘成為媽祖的傳說也因此傳開。後來每三年廖二媽都會回西屯省親，這個習俗維持了百年以上，老二媽也被廖姓族人稱為姑婆祖，到現在「老二媽西屯省親活動」已被列入民俗文化資產。

我樹下挖到的都是
小時候的零分考卷。

你是大雄嗎？

# 進香路線我決定！

## 苗栗縣通霄鎮 · 超有個性的白沙屯媽祖

這幾年，白沙屯拱天宮媽祖的知名度可說是越來越高。

常常看到新聞報導白沙屯媽祖會隨興改變轎夫進香路線，被稱為最有個性媽祖的魅力，讓信徒也一直快速增加。

現在白沙屯媽祖徒步到雲林縣北港朝天宮的進香活動，已經變成全國宗教盛事之一，行政院文化部也將活動列入國家重要民俗文化資產。

這邊就來個白沙屯媽祖的特輯！白沙屯媽祖有哪些特別和有趣的地方，也許看完後，你也會想要去朝聖白沙屯媽祖的進香合火之旅喔！

# 粉紅超跑超吸睛！

如果注意過白沙屯媽祖新聞，應該聽過祂的鑾轎被稱為粉紅超跑或粉紅法拉利，這是因為祂神轎上的粉紅色雨布而得名。

平時粉紅色雨布只包覆住轎頂部位，在進香路途上，若遇到下雨時，就會放下粉紅色的雨布包覆整個轎身，避免媽祖在轎內被雨水淋濕。

回鑾時，也會把神轎粉紅色帆布放下，可以保護迎回的香火靈力不外漏及避免干擾。另外，轎頂的吉祥獸金獅也是粉紅超跑神轎的特徵。

**轎頂金獅**

**雨布纏繞在轎頂，需要時才放下**

那超跑之名又是哪裡來的呢？

其實是因為白沙屯媽祖的大轎班四人神轎，平均每小時可達五、六公里（一般行軍大約每小時四公里），且有轎班替換，每半小時輪班，曾經創下三十六小時走完兩百公里的紀錄。

也因為這樣的神轎速度，有了轎界的超跑之稱。跟隨進香的「香燈腳」（一起進香走的媽祖信徒）都知道粉紅超跑真的很快，要跟上媽祖的速度，參加白沙屯進香真的要有體力，不然真的是「連車尾燈也看不到」了！

# 好跑車,不一起搭嗎?

粉紅超跑神轎裡,其實還有一位白沙屯媽祖的好閨蜜同乘。祂是鄰近通霄鎮白沙屯北邊,苗栗後龍鎮山邊庄裡的山邊媽祖。這對好姊妹已經有兩百年的好交情,兩百年來都是同轎南下,去北港進香。

白沙屯媽祖唯一指定姊妹

據說以前是因為人力跟財力沒那麼多,所以才採用共轎的方式去北港進香,而這個傳統也就延續了下來。

山邊媽祖在去拱天宮合轎前,也會先貼心的巡庄,確認庄內平安後再出發。進香完回程時,會在苗栗的通霄秋茂園對面廣場進行分轎儀式。去往北港朝天宮進香的途中,簾子都會是打開的狀態,所以可以看到兩位媽祖一前一後坐在轎內。

比較小尊的山邊媽坐在前面,但因為透過打開的簾子也比較容易先被看到,所以常有人誤把山邊媽當成是白沙屯媽祖。

如果想看白沙屯媽祖,進香在回程回鑾時,神轎會在新埔秋茂園前的空地進行換轎的儀式。(由四人輕便轎換回八抬大轎)此時可以看到白沙屯媽祖完整露臉,所以很多信眾會在那邊等待。

兩位好姊妹在分別回自己廟前,還會先一起看戲。廟方會準備提前搭好戲台,看完戲後,再起駕到白沙屯車站午休一會,下午在鐵路分岔口處,讓兩位媽祖互相道別後才各自回宮。

# GPS定位追蹤！

你以為媽祖會走的路線

白沙屯媽祖臨時想走的路線

因為白沙屯媽祖的進香路線完全看媽祖的旨意，所以也有臨時改變路線的狀況發生，要怎麼掌握媽祖的鑾轎位置就很重要。

好在白沙屯的民間義工團力量超強大，讓參與的香燈腳們都可以使用他們做出的白沙屯媽祖進香APP來掌握鑾轎的目前位置。

GPS設備也是義工攜帶收集來的，APP裡還有現場直播可以觀看，也有即時聊天室，比如需要共乘、需要幫忙的都能在上面留言，熱心的香燈腳們看到會互相幫忙。

# 天后下凡來點名！

來說明一下什麼是「刈火」「遶境」跟「進香」。

台灣廟宇的神明，分靈會定期往返回祖廟，或是選擇香火興盛、歷史悠久的廟宇去取香火，舀取香灰帶回廟裡的主爐中，此舉是在補充或增添神明的靈力，也就是「刈火」。

「遶境」是指神明巡視自己所在的管轄區，淨化轄區並帶給轄區內的信徒福祉；「進香」則是去外地參拜聯誼之意。

白沙屯媽祖到達北港朝天宮後，會有把參加報名進香的香燈腳的名字唸完、祈福的儀式。

但也因為信徒越來越多，在二○二一年就已有唸了八萬名香燈腳的紀錄，今年報名人數更是超過去年達到九萬多，這還是疫情影響下的報名數字。

（雖然是一群人唸，還滿想知道唸完八、九萬多人的名字要唸多久XD）

# 不是BJD！關節可動的軟身神像

白沙屯媽祖是少見的軟身可動關節神像。

一般神像大多是一體成形的木雕，但白沙屯媽祖的手腳都皆有關節可以活動，所以衣服裡面的襯衣、蟒袍、披肩等，都可以像人穿衣服一樣，一件一件穿上去。

還有白沙屯拱天宮的文物館裡，有保存白沙屯媽祖穿破的三寸金蓮繡花鞋。

但明明神像在轎內穿著鞋子，繡花鞋底卻是磨損不堪的，信徒們覺得是媽祖一直在陪著香燈腳們一起走的關係，鞋子才會磨損成那樣，很有意思。

# 祈福神物「壓轎金」

「壓轎金」也稱「墊轎金」。
其實搶壓轎金原是大甲媽的傳統，也不是只有白沙屯媽祖神轎有，只要是神明出巡，轎子總會需要休息停轎。
停轎時可不是隨便落地、放下轎子，而是會拿出長板凳墊住神轎。板凳跟神轎中間會墊上金紙，最後才能取下轎棍。這就是完整的停駕（駐駕）。

而這些墊在鑾轎下的金紙就是「壓轎金」。當神轎再次啟程時，轎班或駐駕的地點會分送這些壓轎金給信徒們。

收到壓轎金記得好好保存，因為壓轎金的功能超多，是非常實用的「神物」！有保平安、鎮邪、治病、幫哭鬧的小孩收驚等功能。

此外，也可以貼在門口鎮邪、隨身攜帶、放車內保佑交通平安、放工作桌上避小人。

有人在蓋房子動土時，在基礎樁裡面放幾張；家裡拜神明燒金紙時也能放入一起燒。燒之前記得先跟神明說：是壓轎金～我加了白沙屯媽祖的壓轎金（不是加了洋蔥），透過媽祖的壓轎金加持祈求的心願。

遇到水逆不順

白沙屯媽祖的壓轎金

# 喜歡停汽車維修廠？

白沙屯媽祖的粉紅超跑其實好幾次停到汽車維修廠裡休息。之前曾連續九年停轎在苑裡的Toyota車廠，也曾到彰化花壇的BMW汽車維修廠裡停駕。

畢竟是超跑嘛，進場維修保養很合理啊，媽祖也許想要調整一下粉紅超跑的渦輪氮氣加速也說不定？（沒有這種設定）

不要瞎掰好嗎？

另外，因為媽祖也很喜歡小孩，所以很常去學校。

小學、幼稚園都是常去的地點，小朋友也都會熱情的在門口歡迎媽祖。媽祖會讓小朋友們鑽轎底，保佑他們平安長大。

有次媽祖在文德國小裡，還讓轎班抬著轎子去玩溜滑梯（有一說是因為該溜滑梯常發生事故，媽祖去幫忙淨化一下）。

進香途中，一般如說停駕指的是暫時休息，會停轎約十至三十分鐘；如果說是駐駕，就是要在那個地方過夜。

另外媽祖也喜歡停在禮義廉恥匾額的附近。好幾次停駕、駐駕的地方，上頭或附近都剛好有掛有寫著「禮義廉恥」的匾額，信徒覺得是媽祖想要時刻提醒大家，不要忘記這四個字的緣故。

# 難道你～沒～發現我～不愛角落～

白沙屯媽祖在進香路上有好幾次風水指示的小故事。

比如轎桿撞擊，指示電線桿危險影響用路人視線、需要移位；也有西濱道路上的媽祖石雕要移動的插曲，甚至還幫土地公搬過家喔！

有一次白沙屯媽祖路過彰化某果菜市場的倉庫，因為該倉庫離馬路有點距離，轎班人員不懂白沙屯媽祖為何特地繞到那邊去，且該倉庫也不是做買賣的商家地點。結果進去後，隨著媽祖的轎子視線看去，在門的最右邊角落裡發現了一尊土地公。

媽祖神轎趨向土地公後，用轎桿在土地公的神龕上不停敲擊，好像祂來找土地公講話一樣。信眾覺得可能是媽祖來跟土地公說哈囉。

媽祖幫忙喬完位置的土地公

原本角落的土地公

但媽祖轎桿突然開始狂敲神龕，像在指示要往左移動的樣子。但神龕是固定式的，無法移動，信徒只好詢問，是希望移動土地公的神龕位置嗎？

媽祖神轎開始左移到市場正中間的地方，指示要移動土地公的位置到這裡來。原來是土地公不想要坐在邊邊角角的地方，想在倉庫的正中央守護保佑果菜市場的大家。

詢問老闆當初怎麼把土地公放在角落的？老闆說是風水老師的建議，他才安奉在那，沒想到土地公不喜歡，更沒想到白沙屯媽祖還特地來幫祂喬風水，就算是神明的風水也一樣幫忙到底呢！

最後，推薦給大家＜白沙屯媽祖婆網站＞，以及
YouTube頻道＜白沙屯媽祖網路電視台＞。
若你想要參與進香，或對白沙屯媽祖文化信仰有興趣，都
可以去看看喔！

白沙屯媽祖婆網站

白沙屯媽祖網路電視台

# 醫療之神大道公

保生大帝又稱為大道公，是醫療之神。

因為古早時期看病昂貴，不是人人看得起，
很多人會選擇去廟裡拜拜而不是看醫生，所
以認識神明的醫療體系，也可以了解過去的
醫療歷史喔！

當然，有病還是要去看醫生，只是了解過去
怎麼向神明求診的，你就會更知道，廟宇過
去為何跟台灣人的生活緊緊相連了。

# 可能是最早的遠距看診

## 非疫情時代，也要注意與皇后的連結

保生大帝本名吳本（音「ㄊㄠ」），精通針灸、採藥且醫術高超。祂行醫救世，徒弟眾多，過世後被奉祀稱靈醫真人，南宋被賜號為大道真人，所以又被稱為大道公、吳真人。

保生大帝的傳說非常多，以下這個，可說是最早的遠距看診。

傳說明成祖時，皇后乳房長了腫瘤，當太醫們束手無策時，有名道士自稱住白礁鄉、名吳本，自告奮勇入宮，還說他只要用絲線診脈，就能醫好皇后。

皇帝懷疑他的醫術，便讓他坐在皇后隔壁房間，考驗他把脈的能力。但實際上線根本沒有拴在皇后手上，而是綁在桌腳上、甚至貓身上，但吳真人都能馬上測出，皇帝這才相信吳真人的實力。

並且吳真人也正確診斷出皇后胸部有腫瘤的病症，並隔屏針灸，治好了皇后的乳疾。

皇帝感激他，想要封他官爵，但他以修行為由離開了。後來明成祖派人四處尋找他，最後在白礁發現吳真人的神像，為了感恩而贈送白礁慈濟宮「國母獅」。

還有個傳說，某天大道公在竹林裡採藥時，遇到吃了人卻被骨頭梗在喉嚨而痛苦不堪的老虎。

大道公訓斥牠不該吃人，看在牠有悔意，最後還是幫老虎取出骨刺。醫虎喉後，老虎報恩，化身成為大道公的坐騎，也就是保生大帝的配祀神，被稱為虎爺或黑虎大將。

保生大帝

# 藥籤裡有牛奶糖？

## 台南歸仁區・藥籤裡的童年滋味

我金憨慢講話，但是我金實在，
介紹你好藥，森永牛奶糖～

先別聽到有病求神求藥就覺得迷信，過去古代醫療資源比日本壓縮機還要稀有，看醫生可不容易。就算找到醫生，看診也極為昂貴。
所以人民信仰的心靈治療，神明的廟宇在民間，就成了很多民眾求籤抓藥的問診地點。
跟一般神明廟裡的問運勢的籤不同，保生大帝的廟裡提供的是藥籤，甚至會教你自己做出你需要的藥喔！

台南歸仁區仁壽宮的保生大帝，祂的藥籤裡就有一帖牛奶糖，服用說明寫著：半飯碗，調熱酒服之。
怎麼服用呢？就是十顆牛奶糖（大約半飯碗的量）加上燒開的米酒沖淋，變成乳黃色的湯就大功告成。

保生大帝

不愧是台南的廟！
針對愛吃甜的台南人，
藥方有牛奶糖感覺很合理！

才不是勒！
這是打通血路的藥方，
我台南人要也是全糖
不加酒（誤）

另外補充求藥籤方法是擲筊，得到聖筊才能求。之後有的會需要信徒把雙手放到桌上，讓神明隔空把脈，有的是把抽到的藥籤放在手腕上，好像讓神明把脈診斷，每間廟的規矩方式不同。

比如台南興濟宮的保生大帝，是用香幫人把脈。先以三炷香跟祂說明症狀，靜坐在椅子上，將三炷香放在手腕的脈門讓神明把脈，等到三炷香的香灰各掉一次，再去對應的藥籤筒抽籤，擲筊確認。
如果有想跟神明求藥籤，還是要跟廟方詢問該廟的方式喔！

一定要配
溫開水！

跟神明求到藥籤後，到藥籤櫃拿取藥籤，看不懂內容也沒關係，接著到中藥房拿藥，有些中藥房會有家傳的藥籤對照本。
如果看過台劇＜俗女養成記＞，應該會看到有人拿著廟的藥籤，去女主角家中藥店抓藥的劇情細節喔！

且中藥行的老闆因為有醫藥知識，也會作為安全的最後一道防線。
若求籤者的症狀和藥籤不合的話，比如外用的卻拿到內科的藥，會婉轉的請病人擇日再求。

當然，也有人會覺得沒看醫生、就隨便拿藥籤吃，不會出事嗎？
台灣的歷代政府當然會有出手管控這樣的醫療行為。日本時代政府跟國民政府初期，都將藥籤視為迷信、嚴格禁止，但因為以前看醫生很貴，一般人真的負擔不起，所以民眾去寺廟問神治病的習慣一直都沒有完全的消失。

直到一九九○年，政府開始不只從科學和西醫的觀點去把藥籤當作迷信，而是將其視為社會文化歷史脈絡的一部分，從法律跟醫療安全教育上去輔導和修改藥籤的內容，取代取締跟禁止，讓其不會違反醫療法規和傷害到人體，所以現在的藥籤內容，大多是與食物養生療法有關喔！

當然也是有服用藥籤出事的歷史，畢竟藥籤裡的某些藥材吃太多也是有中毒的危險。
在一九九六年發生過兩起藥籤中毒事件後，去廟裡求藥籤的人變少了，政府也開始整頓調查、修正台灣所有廟宇藥籤的藥物內容。
不過後來因為後來台灣人開始富裕了，再加上全民健保，醫療已不再像以前那樣昂貴不可及，而是慢慢變成大部分人都可以負擔得起的了，於是真的會去求藥籤的人亦逐漸減少。

據說因為以前的人常靠藥籤治病，所以藥籤治病事蹟就代表了神明的靈驗程度和宮廟名聲，也代表了神明的靈力高低指標。基本上敢擺藥籤讓信眾乞求的宮廟，都是有很有名氣的。

治好了記得給
五星好評啊！
上次有人沒求籤
也在亂刷一星。

神明也是很辛苦呢，
不過為什麼評論內容
像在講餐廳料理？！

★★★★★
藥籤的做出來的
藥膳美食超好吃，
一試成主顧！
店大貓超可愛！

# 求醫籤也要分科系？

## 看眼科找媽祖？看內科找保生大帝？

不只保生大帝，很多神明也都有藥籤喔！

那為什麼媽祖是眼科呢？因為媽祖是海神，早起媽祖廟也大多在海邊港口。海邊風沙大、容易讓眼睛不舒服，住港口那邊的村民眼睛有問題的機會也大增。

像北港朝天宮就有眼科的藥籤，所以民間早期才會有眼科看媽祖、內科看保生大帝的說法。

不過現在很多廟的都有多科別的籤筒，媽祖也不止只看眼科，其他有藥籤的神明還有神農大帝、恩主公、五府王爺、中壇元帥、關聖帝君、觀音等，籤筒科別分類有分婦科、小兒科、眼科、內科、外科等，每間廟的籤桶科別都不同。

那三太子不是應該最適合看兒科嗎？

他好像是讓小孩聽話吧？

藥籤的種類很多，有的藥籤是請中藥行的醫師寫的，有的是照古代的藥書抓的，目前的藥籤多是根據政府醫療所做的研究，以為劑量輕的養生中藥，配合信仰的心理治療為主。

不過有藥籤是真的以心理治療為主。
有一種藥籤是直接寫出你的病症跟所需藥方，這種比較少見：另一種是空籤，裡面沒有寫藥方，但可能會寫要信徒多做些好事，比如孝順父母、多積陰德等，就能讓病情好轉。
這類藥籤比較接近心理治療籤。還有一種是含宗教儀式的藥籤，比如加上符咒的，遇到什麼髒東西的，或是需要乩童來輔助處理。

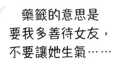

藥籤的意思是
要我多善待女友，
不要讓她生氣……

這帖藥真的可以治好
我多年來的頭痛啊！
感謝神明！

政府過去也有藥籤調查小組做研究，台灣廟裡的藥籤會隨時代政治需求而演變，像是鄭成功與荷蘭人打仗時，保生大帝的藥籤很多就是消炎為主的藥；後來保護動物意識抬頭，醫藥法通過後，廟裡的藥籤也大幅修改。像是含有保育類動物的藥籤，就都被拿掉了。

我們藥行的
藥籤對應版本也更新到
保生大帝9.0了！

但老闆電腦
還在用winXP，
桌布還在藍天綠地。

一般醫藥救人的神比較多會有設藥籤，像是保生大帝、神農、觀音、媽祖等，但極少數的陰廟，像有應公的廟也設有藥籤，但可能是會想到「請鬼開藥方」的俗諺吧，是比較少人來這裡求藥籤的。
（因為陰廟大多是為了鎮壓鬼，不要作祟而蓋來祭祀的廟）

廟宇除了是信仰中心，處處也可以看到古人的日常生活需求的縮影。像廟口兼具市集（商業功能），廟口會酬神演戲（等同文化娛樂中心），求藥籤也具醫療中心的功能，是沒錢、看不起醫生的人求醫問藥的地方。
下次去廟裡拜拜時，若看到有藥籤桶，不妨可以去看看藥籤和一般籤詩的不同之處喔！
（不過最後再次強調，生病了還是去看醫生，廟裡的藥籤是以心理層面治療為主喔！）

# 帶團採藥、做藥！

## 新北市瑞芳區・跟神明一起DIY

除了像保生大帝那樣抽藥籤、開藥方，還有帶你去上山採藥、做藥的神明！

在離九份老街約二十分鐘路程的地方，是金瓜石人們的信仰中心。

勸濟堂主祀關聖帝君，是北海岸的知名關帝廟。每年的農曆五月五日端午節，會舉辦神明帶信徒採藥、做藥的「青草祭」。

以前金瓜石都是辛苦的礦工，生活貧窮、條件極差，當地醫療資源也很少，要看病還得要下山去很遠的地方才有醫生，此時求神求藥就是他們常用的方法。

勸濟堂主祀的是四大恩主公，恩主公在端午五月節，舉行青草祭的前一晚會擲筊決定哪一尊神負責帶隊，早上八點扛著神轎出發。

廟方會準備布袋、鐮刀、鋤頭等採藥工具，讓恩主公帶大家去採草藥。

怎麼讓神明帶團呢？神轎會導航大多前往南雅、和美海邊附近巡視。

當神明巡視途中發現可用的藥草，就會指示停轎採集，成分主要為魚腥草、月桃、豬母奶、艾草、山葡萄、絲瓜、雷公根和午時草等。

因為神明每年都沒有固定的路線，所以採的藥草不會完全一樣，有時神轎會帶人進不好走的草叢也有可能。

極限採藥王路線

等一下，
真的要走這裡嗎？
這是極限體能王等級
的採藥路線啊！

採到的藥草在帶回去清洗後，經過各種繁瑣的手續後續處理，大概一個月後就成了神明監製的百草丸。

勸濟堂的住持會存放在倉庫，有信眾來求藥時，只要擲筊神明應允，就會免費提供。

不過現在醫療資源發達，現代人已經不需要這些求藥儀式，所以廟方自二○○七年起停辦了十一年，到二○一八年時，基於維繫地方文化傳承的目的，才又舉辦了以「青草祭」之名的採藥民俗活動。

## 現在的採藥團

親戚好友交代的藥品
必買清單解決十項！
接下來是那間藥妝店！

我也常跟團
在日本採藥呢。

# 翹腳霸氣的守護神

廣澤尊王傳說本名郭忠福（也有郭洪福、郭乾等名字記載），後唐同光年間福建泉州南安人，民間信仰稱郭聖王或保安廣澤尊王，信徒尊稱祂為聖王公。

廣澤尊王是出了名抓凶狠惡鬼的神明，個性充滿正義感，出巡時也行動力十足、非常敢衝，關於祂抓鬼除妖的傳奇真的超級多，是神明界裡的鬼滅隊、柱等級的隊長之一了。

來看看祂最具代表性的幾則傳說故事，讓大家認識這位個性鮮明、擅長抓鬼的剽悍神明——廣澤尊王傳奇和趣聞吧！

# 翹腳牧童的成神之路
## 請人吃東西就要誠心一點

先來介紹由來之一。我所查到的版本，不管是書籍網路還是影片裡的訪問資料，都有些許細節出入，但有名的版本大多是跟地理師的風水有關。

傳說大概是這樣的，廣澤尊王小時候是個牧童，自小就失去父親的祂家裡雖窮，但祂非常孝順母親，在有錢人家裡負責牧羊。

祂自小就已經擁有不可思議的靈能力。每當陳姓主人賣掉幾頭羊，第二天早上，羊隻數量就又會恢復。

有次主人請了地理師，想給祖先挑一塊好風水的墓地，但是主人很小氣吝嗇，對待地理師也很刻薄，地理師因此雖然知道好的龍脈墓地其實在主人家的羊圈裡（羊棚蜈蚣穴），但他故意不說。

有天陳家主人突然大方地讓地理師享用上好的羊肉，地理師原本還心想，原來陳家主人也還不錯嘛，是自己誤會他了，但地理師在跟牧童聊天時，才知道原來那隻大方給他吃的羊是意外掉到糞坑淹死的，主人自己不敢吃又棄之可惜，才送來招待他。

當你解釋剛剛吃的羊肉是從糞坑裡撿起來的

這下可激怒了地理師，心想這種人，就算給了他好墓地，也根本沒用。

加上牧童和地理師住在一起，對地理師很好，讓地理師決定有機會一定要回報牧童。於是問牧童父親安葬在哪裡？牧童說因為很窮，到現在都沒有正式埋葬。

地理師又問牧童，我給你兩個選擇，你是想當天子呢，還是想當神仙？牧童說，我當然選神仙啊！

地理師便教牧童在某日某時，把父親的遺骨燒成骨灰，再把骨灰灑在陳家羊圈附近。牧童不明白，還覺得地理師這不是讓父親每日被羊踐踏嗎？

地理師解釋，因為這羊圈是龍脈的上吉墳地，埋在這裡的後代要不成為天子，不然也能成為萬代敬仰的神仙。

地理師剛說完，就突然出現一座墳墓。地理師說，我會讓這裡出現很多黑蜂，被螫到可是會死人的，你待會要趕緊逃，逃跑到途中會遇到戴銅帽、牛騎著人、樹上長魚的怪景象。看到這些，你都不能停下來。要繼續一直爬，爬上飛鳳山上去當神仙。

後來牧童一走，墓地就如地理師說的出現一大群黑蜂，螫死了陳家人。牧童一路逃命，途中下起了大雨，看見辦喪禮的群眾中，有個和尚拿著銅鑼在遮雨（戴銅帽）。

剛買的
下午茶點心
濕掉了啦！

那是
銅鑼燒吧！

接著路上，又看到有個牧童躲在牛肚子底下躲雨（牛騎人）。

不要
坐下來啊！
壓扁了！

最後看見漁夫樹下躲雨，把釣到魚的魚竿掛在樹上（樹上長魚），完全跟地理師說的符合。

樹上為什麼有
禿子？！

最後遇到一塊大磐石，牧童爬上後修行得道，變成了神仙。

據說廣澤尊王在盤腿得道成神升天時，母親因為捨不得祂而拉住了
祂的右腳，所以右腳是呈現垂下的姿態，翹著左腳升天得道。也因
此許多廣澤尊王神像是坐著翹腳的姿態。

後來當地人感念牧童的奇德異行，便蓋了一間鳳山寺祭拜。

這故事感覺是要叫人不要得罪地理師、對人要真誠相待啊！

雖然廣澤尊王是以抓鬼聞名，不過其實廣澤尊王升天時才十六歲。

依民間信仰，尚未成年就得道的歸在囡仔神，加上因為孝順母親出
名，所以父母很多會拜廣澤尊王幫忙管教叛逆青少年或照顧小孩，
祂也是兒童的守護神喔！

# 鬼月唯一沒有普渡的廟？

## 台南市中西區・一塊豬肉引發的客訴

農曆七月是台灣大家熟知的鬼月，這個月很多好兄弟會趁著鬼門開來人間放暑假，陽間的廟宇也在鬼月時期舉辦祭祀普渡，讓好兄弟能夠在這個月裡吃飽喝足，享用供品和香火。

但台南的南勢街西羅殿，卻沒有在農曆七月關廟門和辦普渡，其實是因為以前曾辦過普渡，卻發生了以下的狀況。

完全沒有好兄弟來吃……

**有陰陽眼的道士**

也對啦，廣澤尊王專門處理不乾淨的壞東西。

好兄弟躲祂都來不及了，哪敢來享用。

廟方擲筊問廣澤尊王普渡是否辦得圓滿，卻沒有擲到聖筊，後來才知道，原來是境內的好兄弟們畏懼廣澤尊王、不敢來吃。

畢竟廣澤尊王是專門抓做壞事的孤魂野鬼的，威武的抓妖除鬼傳說可說一堆，大概感覺就像警察局辦筵席，通緝犯也不敢來吃吧，也因此西羅殿從此變成中元不辦普渡的廟了。

後來因為好兄弟不來吃，廣澤尊王親自出馬，去市區的境內巡邏，把找到的孤魂野鬼們押回來吃普渡祭品。（真的五告派）

你們躲在市區幹什麼？不餓嗎？

尊王？！我們有點飽

對啊……最近胖了哈哈不想吃太多

我的廟埕還滿大的，歡迎你們來我廟玩，吃累了就直接睡覺，沒問題的。

真是的，不要浪費食物啊。

想要我餵你吃餅嗎？

吃得下……我肚子還有點餓……

廟裡耆老後來討論，既然鬼都不來吃，那就不要舉辦好了，不然難得放假還要被押來吃，好兄弟壓力肯定很大。

除了前面我聽到的口傳道士故事外，有網友來我粉專PO文下方留言，熱心分享了西羅殿廟方老人口述的後續彩蛋。

廣澤尊王是怎麼把不敢來的好兄弟們趕來吃普渡的呢？

其實就是扛著廣澤尊王的大輦班（大轎班）去外面路上，把好兄弟們趕來吃普渡（趕鬼）。

後來扛著轎的大輦班整晚在外面奔波，回到廟裡後，大老看他們辛苦，就在普渡桌上取一塊豬肉，煮了一大鍋鹹粥給他們享用，慰勞辛勞。

享用晚餐後，擲筊請示普渡是否圓滿了，卻發現擲不到筊。於是又把大輦扛出來問，才知道原來是豬肉被拿去煮粥，讓好兄弟不開心，去恩公主面前抱怨。

「大家沒來吃供品，廣澤尊王不開心趕了我們來吃，結果你們的人又怕我們來吃。」

後來受理了好兄弟們的客訴，交涉完後解決方案，大輦指示大夥準備了鴨蛋，和一桶裝成跟小山一樣高的米，事情才圓滿落幕。

後來因為好兄弟懼怕廣澤尊王的威名，西羅殿要辦普渡時，就會請廟裡的中壇元帥來執行。自從八仙彩和燈籠掛上中壇元帥的聖號後，普渡擲筊都有筊了，可見好兄弟真的是對廣澤尊王很敬畏啊！

怎麼了？

豬肉少了啦！

說好的吃到飽呢？

客訴

# 都市傳說：台南龍舟翻覆事件

廣澤尊王處理地方髒東西的故事，在民國五、六○年代還滿常出現相關報導的。在台南有名的一則，是一九六二年六月時，台南運河舉辦了龍舟比賽，因為當時的總冠軍賽，是由酒樓小姐對上青樓小姐（當時的酒樓小姐類似台劇＜華燈初上＞裡的條通女子）

什麼！所以是蘇媽媽組隊對戰蘿絲媽媽嗎？

難怪很多人想看！

華燈初上看太多啊！

因為好奇，觀賽的人潮塞滿了岸邊，連岸邊一艘廢棄的小船上也擠滿了圍觀的人。

結果悲劇就發生了，廢棄小船承受不了重量而翻覆，當場有二十二人因溺水罹難。發生這件事後，這個地方不斷發生跳水自殺事件，因此被傳說之前的意外，是在事故中淹死的水鬼在這邊抓交替。

加上在日治到光復初期的台南運河，本就是一個常發生溺水、翻船、情侶殉情的地點，所以水鬼抓交替的傳言更是扶搖直上。

當時台南人心惶惶，於是地方商會就去請託台南西羅殿的廣澤尊王，出面辦盛大的三天奉狀法事，做抓水鬼渡化的儀式。

當時的台南市政府也貼公告宣導這個活動，連報紙都有登，請往生者的家人們到現場領孤魂回去，沒人領的則移請到東嶽大帝那裡處理。（東嶽大帝是地府最高神明）

儀式過後，溺水憾事也確實減少了，台南運河也少了很多不安靜的靈異傳聞，可見廣澤尊王在台南，對當時地方邪靈勇猛的影響力。

# 抓鬼時會翻白眼？

## 高雄市梓官區・抓鬼雷達尊王

這蚵仔寮通安宮的這位廣澤尊王也特別出名，原因是祂在出巡遶境、四處巡查時，只要感應到有「壞東西」，鎮殿的神像就可能會「翻白眼」！

有電視台去拍攝過鎮殿王出巡，一般正常時都是普通的黑眼珠狀態，卻被記錄到眼珠是確實會隨出巡出現變化，真的讓人不可思議！也因為會出現這種神蹟，每次出巡時都會有大批居民湊熱鬧擠在轎前，想看廣澤尊王的神像翻白眼。

我女友也常對我翻白眼呢。

那表示你女友覺得你是拍咪亞欸。

有信徒分享自己跟著出巡辦事幾天的經驗，並不是每次上神轎出巡都會遇到，所以也要有點運氣。信徒覺得可能是廣澤尊王看事件的大小、嚴重性，才會做出相應的反應。

另外因為這位廣澤尊王是體型較大的大轎，如果遇到要進入處理的地點比較狹窄，比如地下室、倉庫、小巷裡，就會拜託二聖王四輦（四人小型神轎）進入幫忙處理。

在翻白眼確認後，轎班會當場進行抓鬼儀式。會取出處理炸壞東西的油鍋，把這些壞東西用布包起來，綁緊丟進油鍋、現炸處理，廣澤尊王的的神轎也會處理到該地「乾淨」後才離開。

為什麼是用油鍋處理？

民俗傳說的十八層地獄裡，都是用油鍋或火爐來淨化靈魂和洗清罪惡。

記得看過台南府城城隍夜巡，遶境處理壞東西時，也是用油鍋處理，可見高溫油炸對付靈界的壞東西是有效的。

如果大家對早期的電影有印象，真的有部林正英先生所主演的＜靈幻先生＞，最後殲滅惡鬼的作法，就是把鬼封進甕裡、送去油炸喔！

現炸不用等
安心炸鬼，
絕對不用回鍋油！

# 守護城池領域的神

城隍，城的意思是城牆，隍則是指護城河。
城隍爺是由玉皇大帝派遣管理地方的神明，權利等級身分
像是現在的縣市長。
鄉里有境主公，下村有土地公，家庭有地基主守護。
台灣民俗裡，神明的地域管理分工系統都很詳細，成為城
隍爺的，大多是有德之人的歷史人物，或也有傳說，是由
善良的水鬼不抓替死鬼而升格成神等。
因為是掌管陰陽兩界的神明，我收集的鬼神鄉野傳奇中，
城隍的故事特別多。
接下來就來聽我講台灣的一些城隍鄉野傳奇吧！

# 通往陰間的古井？

## 新竹・快三百年歷史的城隍廟

這間城隍廟有個一直被人們口耳相傳的故事。

傳說城隍廟地下，有個能通往陽陰兩界的古井。據說廟有被城隍爺交代過，古井只要在上面蓋上石板就好，不要封起來。

這個古井到了深夜，會聽到有兵馬經過的聲音。傳說城隍爺的兵馬靠這裡出入陰間，有時候還有打小鬼哀號的聲音，和七爺八爺鎖鏈的聲音從井下傳出。

雖然傳說陰兵陰將都在古井出入，不過因為這個井只是傳說，並沒有人看到廟裡有井的存在，就算想知道廟下面是否有通往陰間的古井，也不可能挖開廟的地吧。

你有聽到嗎？是鎖鏈聲嗎？

貞子被鎖在下面了嗎？

直到後來科技進步了，中華大學使用透地雷達去探測地底，真的在佛祖觀音殿的下方測出古井的樣子，上面也真的蓋有石板。

但想知道古井下面是一回事，因為廟是古蹟，也不能破壞挖開，就有人想鑽個小洞，利用管子伸進井裡，去查看到底有沒有井水。

正當廟方想這樣嘗試時，城隍爺突然降駕，下令不可以挖，說時機到的時候水就會自己會漫出來了，到時井水會提供信眾作為聖水，解救眾生。

原來清朝嘉慶年間城隍就曾降駕表示，說要在井上蓋佛祖觀音殿，井就一直到現在都被藏在下面了。

雖然還是沒解開井能通往陰間之謎，但是科學儀器還是幫我們證實了廟裡擁有一口能穿梭陰陽的古井，傳說並非完全空穴來風，也算是替傳說故事加上神秘又真實的色彩。

???? 

城隍爺也看過還珠格格嗎？

那我就要溢出來了！

# 百年冤魂告陰狀
## 嘉義縣鹿草鄉‧龍袍加身城隍爺

嘉義安溪城隍廟在一七七五年建立，是全台灣唯一穿龍袍的城隍爺。

據傳安溪城隍生前是名退休的縣官，但醫術高超，退休後到處行醫救人，因為醫好了連御醫都束手無策的皇太后，皇帝看他穿的比較破舊，便將一件自己的舊龍袍賜給他穿。

也因此在安溪城隍往生、被奉為神明後，因為特別多了皇帝的龍袍加身，而有了代天巡狩的職責。

而「告陰狀」又是怎麼回事呢？

民俗傳說，如果冤魂生前沒辦法得到公平的審判，死後會去找掌管陰陽的神明主持公道。

在民俗研究裡，告陰狀有三種，分別是人告人、人告好兄弟、鬼告人。民俗認為鬼告人會發生因好兄弟糾纏而導致生病。（這算量子糾纏的一種嗎？）

冤枉啊～～

這件有紀錄的告陰狀事件發生在二○○七年六月二十一日，那天正舉辦城隍爺文化季，正在做八祭普客的儀式，這是針對八掌溪事故所做的安撫冤魂儀式，讓冤魂能脫離苦海。

當時儀式從早開始到了下午，水池邊本來大太陽的好天氣突然變得昏天暗地，還打起雷。而且一般打雷是白色的閃光，那時候卻是出現紅色的閃電，雷還打裂了一旁的龍眼樹。

傳說天降紅雷是有冤情發生，這時突然冒出一位婦人，她拿著用鮮血寫的泣血狀攔住神轎，一邊哭泣，一邊說是要幫一位百年前冤死的男子伸冤。

陳婦人表示自從某天午睡時，夢到一位年輕男人跟她表示自己百年前被冤枉、還被砍頭，之後就每天不斷來託夢，並告訴婦人他生的朝代。

因為用說的大家一定不會相信，所以祂請陳小姐用針刺手指，在絲絹上慢慢寫出這份血書訴狀。

拿錯張了吧！
好兄弟生前是玩了
魷魚遊戲而死喔！

據冤魂描述，百年前某晚他去村庄的魚池要抓暗光鳥（夜鷺）加菜，卻被村子夜巡的人誤會他是要偷魚塭的魚，不聽他解釋就一陣毒打，凌虐他超過七個小時，還殘酷的用鐮刀將祂斬首，所以這個魚池有他百年的冤氣。

百年來，祂找了很多神明幫忙都說無能為力，祂才會找上陳姓婦人幫忙，希望城隍爺能還他清白。

城隍爺的乩身聽完，激動地用手輦轎在香案上比劃表示接受審理，並到案發現場舉辦儀式，幫祂畫出身體，把祂的頭與身體接起來，還指示百年前兇手的後代下跪祭拜和道歉，這才讓冤魂放下仇恨能安眠。

這件離奇的鄉野傳奇，到現在網路上還可以找到那時陳姓婦人血書伸冤的影片喔！

另外農曆七月時，城隍出巡前也會有公案桌放榜的宣告儀式，讓有冤情的鬼魂們申訴。（所以申訴管道真的不一定要寫血書啦）

以下是虛構陰間告狀畫面

# 到底是用什麼養出來的？

## 高雄鳳山・城隍的血芒果傳說

傳說鳳山鳳邑城隍廟當年附近是刑場，會把在刑場被斬首的囚犯人頭掛在一旁的芒果樹上，對違法者做殺雞儆猴的警告。

沒想到久了以後，竟連長出來的芒果都變異，切開流出的不是一般金黃色的汁液，而是血紅色的，人們謠傳這棵樹已經因為吸收血與怨氣修煉成精，從此村裡沒人敢靠近這棵樹了。

我想起我當兵時，有棵常被丟鞋子打芒果的芒果樹，應該也累積了很多扔鞋子卡在上面的怨氣。

食物的怨恨確實很可怕啊。

某天，有個賣肉粽的小販到樹附近叫賣，到了那顆芒果樹下時，聽到有聲音在跟他說想吃肉粽，但張望附近卻又沒看到人。

小販問說你在哪？
聲音向他表示，請他把肉粽丟到背後的樹洞裡就好。
小販照做了，丟入樹洞內後沒多久，樹上就掉出了銅錢。

不要騙我喔！

那個有沾醬嗎？
我想要東泉。

你台中人啊？

小販想說真是怪客人，但還是因為做到生意，開心地回家了。

沒想到回家後算錢，那些銅錢竟然都變成了冥紙，讓小販滿腔怒火。

為了查清真相，小販接連好幾天去芒果樹下賣肉粽，跟樹洞裡面的神秘客人做買賣，結果依然發生回家後銅錢變成冥紙的事。

原來是古代就有
元宇宙交換
虛擬貨幣概念！

最好是啦！

小販覺得是芒果精在戲弄他，決定要反擊，於是晚上做交易時，把燒熱的滾燙鐵球代替肉粽丟到樹洞裡，結果丟入後，整棵芒果樹傳出哀嚎聲，整顆樹也抖動起來。

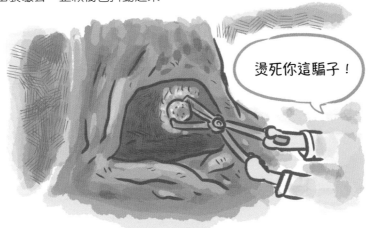

燙死你這騙子！

小販報仇離開後，樹精也來復仇！

樹精跟著小販回家，讓他每天不得安寧、精神錯亂，小販臨死前跟妻子說，是因為他得罪了芒果精，才會被作弄到這地步。

小販死後，傷心欲絕的妻子去廟裡跟城隍爺伸冤，希望芒果精能被制裁。

他因為沒有提供東泉辣椒醬，就被那芒果精害死了嗚嗚～

等一下！
不是這個原因吧！

城隍爺表示，祂會跟廟裡專門收妖的神明一齊合作，聯手對抗芒果精。最後城隍爺與媽祖、觀音組了芒果樹精討伐團，聯手收服了這百年芒果精。

芒果～
芒果～

等一下！
那是抓寶可夢用的精靈球嗎？！

但是芒果樹的果實依然會流出血紅色汁液，村民害怕，決定把樹砍了，避免芒果精又復活擾亂。後來在芒果樹旁蓋了一間王曾公廟，據說就是為了鎮壓樹精。

你居然因為我覺得北部粽比南部粽好吃而砍我！

並不是！你想想紅色的芒果冰能看嗎！

王曾公又是何許人也？傳說王曾公生前是一位名捕，除暴安良，但最後被歹徒用計包圍在縣府前殺害身亡。

死後原本只是簡單立碑，一個香爐和三杯茶水供奉而已，但當年台灣六合彩簽賭興盛，因為王曾公明牌有求必應，吸引超多賭徒，且來求必中獎發大財，於是名聲傳開，中大獎的賭徒們還集資為祂蓋了廟。

也曾有人請示城隍，是否可以讓王曾公入城隍廟供奉，但城隍爺表示不願意。

據傳王曾公廟蓋好了後，明牌就不再準了，賭徒後來的下場也都不太好。

可能是因為蓋廟的資金已經夠了，祂不需要賭徒們的贊助了吧。也有村民覺得城隍廟不允王曾入廟，也許也有其原因。

而在芒果樹精被降服砍掉後，附近又長出兩棵榕樹。一棵很高，但
不茂盛；一棵矮，但很茂盛。村民把它們當叫作七爺八爺樹。
據說爬上七爺樹，或是經過八爺樹的肩膀時必定會摔下來，有地方
耆老受採訪時，用自身同學摔下樹的經歷，向大家傳遞著這樣的傳
說。

而現今鳳邑城隍廟前，還有棵榕樹下供奉著松樹公祠。（雖然是榕
樹但卻叫松樹公XD）雖然不是當年七爺八爺的化身了，也不影響村
民對松樹公的信仰。
不管是血芒果的故事還是七爺八爺樹，鳳山城隍爺跟樹有關的傳說
感覺特別多呢。
下次去高雄鳳山，可以順道去城隍廟看看傳說的地點喔！

# 眾鴨子聽令！

## 台南中西區・鴨母王城隍

小南城隍廟，俗稱小城隍廟，裡面有位特別的城隍爺，因為祂是台灣第一個皇帝，鴨母王朱一貴。

在一六七七年時，因為當時清政府在台的官員貪污腐敗、民不聊生，導致後來官逼民反，成為台灣歷史的三大民變之一。
當時朱一貴起兵攻破台南府城，被擁立為中興王，在現在的台南大天后宮處宣布登基，成為台灣第一位皇帝。

朱一貴為人豪爽好客，有小孟嘗、鴨母帝等稱號。
除了因為以養鴨為業外，他還有很多神奇的養鴨傳說，比如傳說他能跟鴨子溝通，鴨子可以像軍隊一樣聽從他指揮，還能軍隊化指令管理，常讓居民看到傻眼。

還有像是可以控制鴨子下多少蛋、每天宰殺的鴨子數量都不會減少等，他養的鴨子也特別會生蛋，生的鴨蛋都有雙蛋黃。

鴨母王養的鴨據說肉質也特別好，他還有育種改良的觀念，配種了荷蘭鴨和本地的菜鴨後，還取了一個名字，叫大王三軍鴨。

不過鴨母王的歷史下場是個悲劇。

傳說鴨母王打勝後進入府城時，看到戲班子剛好在演朝廷戲，有皇帝與文武百官的角色，他就下令把戲班子的衣服拿來自己穿，當自己在台南府城登基的龍袍用。

但朱一貴立帝沒多久後，就被清國派大量兵馬來台反擊而逃命，短短不到兩個月就被抓了，隔年被押送到北京處死。

雖然起義失敗，被捕死後據民間傳說被玉皇大帝感佩他慷慨赴義的精神，將祂敕封為城隍爺，並封為「台南州城隍綏靖侯」，現在奉祀在台南的小南城隍廟裡，廟裡還有大城隍公、杜義招、三城隍公、雷域輝等神明。

分享一些近代的鄉野傳說，在二〇一六年，台南發生了有名的維冠大樓大地震，地震的前三天，鴨母城隍突然發爐降駕，透過乩身跟信徒表明會發生天災，要大家多加小心。

地震後，廟裡也有四根柱子外表稍微損傷，廟方原本以為只是小裂，補一下外觀就好，但被城隍爺給拒絕，只好請來專業人員，透過雷達詳細掃描柱子狀況，才發現四根柱子的內部都嚴重損毀破壞傾斜了，只能重做，才不會發生嚴重危險，於是變成整修廟中四根大柱子的大工程。

不過一般廟宇如果需要動工整修，都會先將神明神像們移到其他地方安置，等完工後再送回廟裡，但城隍爺卻特別降駕表示自己要在廟內監工，不要移出，還向施工人員反應工程問題，最後工程順利完成。

# 不只是神明的得力助手

在民俗信仰裡，動物神大部分像虎爺一樣屬於輔助神，在神明的身邊做座駕。

不過這之中，也有獨當一面的動物神喔！祂們負責的業務跟傳說故事也很特別，就讓我來介紹台灣民間信仰裡特別的動物神，屬於祂們的特別傳說和大顯神威的時刻！

# 恐龍也有神明！
## 台南學甲・哥吉拉成神

萬物皆有靈，民間信仰裡動物神明自然不會少。
本篇就先來介紹一個最難想像的動物神當開頭吧！

位於台南學甲的天鳳宮，主神其實是侯府千歲，但在這裡，有個恐龍大將軍的動物神，也因為實在太稀有，所以常吸引好奇的人來一探究竟。
關於為何有這激似哥吉拉的恐龍大將軍，據廟方宮主吳連明在訪問時敘述，他在一九九三年時，身體出現了一些奇怪的毛病、無法痊癒，於是跟廟裡神明請示，當晚就做了一個夢。

他夢到自己走到大禹嶺地方的涼亭裡休息，忽然間遇到地震，
往自己坐的位置下一看，看到一條像蟒蛇一樣粗的尾巴！

不像我們年輕人，
發生地震都只會馬上拿出
手機發地震文欸。

應該要擺出阻止
三隻龍的姿勢。

又不是
侏羅紀世界！

嚇到無法動彈的宮主在心裡向侯府千歲求救，這時，恐龍精居然過來朝他噴火！

被火焰攻擊的他被嚇到，身體總算能夠反應了，趕緊拔腿就跑。當哥吉拉、不，綠色恐龍又開始噴火時，宮主頭上出現一個雷達、射出橘光，原來是侯府千歲出現了！還和恐龍精纏鬥起來。

當然，最後還是侯府將軍技高一籌，幫宮主擊退了恐龍。

雖然是神明打怪，但這段怎麼想，侯府千歲都像是超人力霸王打鬥的情景欸

後面又發生了另一個事件，有信徒的小孩半夜上廁所時，看到眼睛發出黃光、尾巴很長、全身綠色的怪物。

小朋友後來有天到侯府千歲的宮廟，借了宮廟的腳踏車沒多久，又騎回去，說他看到那隻怪物了在學甲市區裡！

因為宮主夢境裡的恐龍跟小孩的話有些相似之處，信徒們開始議論紛紛，大家跟著小孩去找那隻怪物。

結果小孩帶大家去了某家雜貨店，說看到的恐龍就是跑到這間店裡了。

大家進去一看，桌上紙箱擺著的，是哥吉拉造型的玩具。（當年剛好正上映哥吉拉的電影＜六度空間大水怪＞）

廟方人員敘述，侯府千歲雖然贏了，但知道恐龍早就在此地的好風水修行多年，希望引祂進廟，共享香火。

後來恐龍也出現在別人的夢裡，請求幫祂雕刻金身，但雕刻師父恐怕是「像這種的要求，我這輩子都沒見過」，不知如何下手。

這時信徒想到雜貨店的哥吉拉，既然被說跟夢中的恐龍很像，那就照著那個模型來雕吧！這就是恐龍大將軍的神像，與哥吉拉十分相似的原因。

等等，那是不是直接在玩具店買現成的就好了？

大部分的村民對於恐龍大將軍，其實也是抱著趣味的心情看待。恐龍神真的是最讓人印象深刻又有話題的了。

不過想到以前台灣拍過關公大戰外星人的電影，哥吉拉對決神明好像真的可以拍看看喔？

其實換個方式想，復仇者聯盟裡的雷神，也是神在打外星人啊！

# 豬神不是豬八戒

## 嘉義東石・不太Happy的黑皮夫人

先說，黑皮夫人不是很Happy的夫人（是說現在也很少人用黑皮當Happy俏皮諧音了吧），而是由母豬鬼升格的守護神。

傳說清朝時，嘉義東石港蚶仔寮有戶養豬人家，家裡的母豬連續兩個晚上偷跑出圍籬，偷吃附近蕃薯園的番薯葉。

在第三天，被蕃薯園的農夫發現有動物來偷吃，於是埋伏在田溝邊，當發現母豬又來偷吃時，拿起鋤頭想要嚇唬牠，結果鋤頭揮舞下去卻敲到了母豬的鼻子，母豬就這樣被敲死了。

> 你敲錯豬了啦！
> 祂不是豬頭王，
> 豬頭王的頭敲上去是砰砰響，
> 他的頭敲上去是吭吭響，
> 聽清楚了沒有！

母豬的主人隔天出來找消失的母豬，在蕃薯園找到屍體，帶回去解剖後，才發母現豬肚內有十二隻快要出生的仔豬，七隻公、五隻母，於是剛好也是一位畫符師的主人，決定要報這殺豬之仇。

他把母豬頭浸泡在尿裡，七七四十九天後取出，貼上符咒在豬頭上，再偷偷埋在番薯園的附近詛咒那位農夫。沒多久後，農夫過世了，並跟著母豬一起下地獄。母豬在地獄跟閻羅王訴說牠與仔豬十三條豬命的冤情，閻羅王就給了母豬冤魂能合法報仇的黑令旗。

母豬拿著黑令旗回村裡作亂，除了養豬主人跟農夫發生不幸、其家人也出事外，其他村民也跟著被牽連，採收的農作物都被母豬啃光，採收的花生是空殼。

> 我要見到血流成河！

> 黑令旗不是這樣用的！

眼見母豬冤魂作崇太過頭，港口宮的媽祖出來好言相勸阻止，讓村民在武聖廟旁蓋廟祭拜，才讓母豬冤魂答應不再作亂，玉皇大帝也收回黑令旗，封祂為黑皮夫人。

據說黑皮夫人廟在台灣瘋大家樂簽賭時期，有很多人去求明牌，有位賭客求明牌中了大獎，但中獎後揮霍無度、把錢花光了，又想去黑皮夫人那求明牌。但連續幾天去，黑皮夫人就是不願意賜牌，讓這位賭客懷恨在心，於是在一天半夜裡，拿刷豬的鋼刷跑去刷豬母娘娘的臉，之後還放火燒廟後搭車逃逸。

沒想到沒逃多久，車子就突然故障、無法發動，因此很快被抓到，回去廟裡跟黑皮夫人磕一百個響頭道歉。

# 台南北門・豬臉人身的豬母娘娘

雖然是豬成神，但黑皮夫人的神像是一般人型。

而在井仔腳鹽田旁，也有一個因為冤死而祭祀的豬母娘娘廟，神像就真的就是豬臉人身，造型來說比較像西遊記裡豬八戒的形象，卻戴著孫悟空的緊箍圈。

別誤會，這可不是西遊混搭風，是因為當年收服祂的興安宮紀府千歲給祂機會成神，卻也怕祂再作亂，所以有加以約束的意思。

不是七龍珠的悟空啦！右邊的才是！

想像成頭戴緊箍圈的戰鬥力探測器。

這間鎮海將軍廟的豬母娘娘，傳說也是跟死後作祟有關。

相傳有名屠夫放生一頭懷孕的母豬逃到井仔腳，母豬因為肚子餓，忍不住偷吃住戶的飼料，被生氣的居民一路驅趕後，不幸掉落海裡溺死。

母豬死後，冤魂在鄉里作亂復仇，讓當地發生潰堤，最後由村裡大廟興安宮的紀府王爺出面，才收服並封為鎮海大將軍，在鹽田旁立了小廟祭祀，負責鎮守海邊。

鎮海將軍的豬母娘娘神像，在二○○八年時，也有因為地下簽賭、求明牌風行而被竊，結果廟裡有三年時間，都沒有刻新神像。

據說是因為紀府千歲降駕，表示豬母娘娘失職，等三年後才可以裝新神像，所以到二○一一年才重新塑了新神像。

說到豬神，很多人都會想到豬八戒，也常聽到八大行業會拜豬八戒，求客人豬哥，讓他們生意興隆。但一樣是豬神，母豬娘娘的業務是不一樣的。

像東石的黑皮夫人會幫忙處理感情問題，比如老公外遇、斷小三；鎮海的豬母娘娘除了求偏財，也有很多人求桃花跟好姻緣，廟方還因此辦過聯誼活動。

另外如果想拜黑皮夫人跟豬母娘娘，祭拜供品都不可以拜豬肉喔！

像豬母娘娘愛漂亮，所以很多供品都是化粧品，想要找祂們祈求桃花運、財運，別忘了拜對供品！

台灣這兩位最有名的豬母娘娘，雖然一開始都是因為悲劇的復仇，但後來也都成為了守護鄉里跟人們愛情的守護神呢！

看過新聞報導，八大行業拜天蓬元帥豬八戒時，供品有成人寫真和蕾絲胸罩的。這樣比起來，這些正常多了啊！

為了吸引豬哥客人，供品才這麼特別吧。

# 月老也有彩虹版？

## 支持多元成家的兔兒神

台灣在民法婚姻平權修法後，同性已可以合法結婚。雖然這是近代的話題，但你知道在四百年前的古代，我們就有支持多元成家的神明了？

關於兔兒神有兩個傳說故事，一個是清代文人袁枚筆下，《子不語》的版本。

在清朝，有一位非常俊美的巡按御史被派到福建就職，一位名叫胡天保的人非常愛慕這位御史，只要巡按御使升堂辦案，就會在一旁偷偷的傻笑窺視他。（他好像永遠對著你笑，笑得你心裡發寒）

有一次胡天保竟然躲在廁所，偷看御史的屁屁！被抓到後，御史生氣地問胡天保原因，胡天保一開始不願意說，後來被用刑後才招供，是因為御史的美貌，讓他心中無法忘懷。

明知天上的玉樹不能讓凡間的鳥兒停留，但還是不知不覺地做出這樣無禮的事。結果撩御史失敗的胡天保就這樣激怒了御史，被處以杖斃之刑打死了。

過了一個月後，有村民夢到胡天保託夢，表示自己到了地獄，雖然因為覺得冒犯大人被處死是理所當然的，但地府的官吏除了調侃他，卻沒有對他生氣。

因為他是出自愛意，不是惡意傷害的惡人，所以陰間要封祂為掌管人間同性之間戀愛的兔兒神，希望村民們可以幫祂集資建廟，讓祂有香火、能庇佑同性相愛的戀人在一起。

據說福建地區，有結拜兄弟衍生的契兄弟習俗（明清時期，福建一代曾盛行同性關係），知道這段託夢的事，馬上爭相集資蓋廟。
據說廟真的很靈驗，後來有同性愛戀不受祝福的，或是想要偷約見面的，都會前往祭祀兔兒神，庇佑戀情能夠成功。

另外一個版本則是跟月亮上的兔子有關喔！

根據《滄海拾遺》記載，殷善是位外貌俊美、品德跟智慧也傑出的十九歲青年，宛如偶像劇男主角的完美人設，讓他受到很多人的愛慕。

畫風整個遽變唯美風格是怎樣？！

歐巴！

♥ 歐巴！♥

他有一位駐防的朋友耿漢，兩人明顯感情超越一般的友情，私下常常牽手逛街，脫衣共臥在種滿了幽蘭的園中，兩人發誓相守，討論詩詞可以整晚不睡，經常到處放閃。

我好興奮啊！

我倆惺惺相惜，情不自禁～

兩人讓當時的村中婦女（X）腐女（O）們，每天跟在他們後面，群聚偷看他們甜滋滋的互動。

**一大堆的姨母笑**

嘻嘻

嘻嘻

嘻嘻

但某天亂軍突然圍城來襲，駐守軍不敵，被攻破城門後，亂軍進城殺了城中的權貴。亂軍的首領因喜好男色，就把美男子殷善也給抓走。城裡慘上加慘，還開始流行起瘟疫。隔了幾天後，耿漢回到城內，知道愛人被抓傷心痛哭，難過的說不出話。

耿漢在夜裡難過的向月亮祈禱，希望能救殷善回來，突然夜空中緩緩降下一位俊俏少年，表示自己是來自月宮的兔神，原本是下凡來送他搗藥製成的月餅、治療城內瘟疫災情的，沒想到遇到耿漢的祈求。看他一片癡心，兔神想要幫助他，人民們吃了兔神下凡贈予的月餅藥後，也都一一康復。

等一下！
那邊那盤是
月亮蝦餅，
不是治瘟疫的！

兔神把他兩人立下誓約園地裡的幽蘭施法變成了黃金蘭,讓他去跟亂軍贖回了殷善,兔神還應允會保佑他們兩人終身廝守。

後來嫦娥也從天上下來,表示奉了太陰星君的命令,要請兔神回廣寒宮(可能待太久沒回去,叫月兔收假了)。

最後居民互相告知這段神蹟,各地也開始蓋了兔兒廟供奉,耿漢跟殷善兩人最後也一起度過了後半輩子。

受傷了嗎?
你臉紅啦?
來,讓我看看

快放開我⋯⋯
村裡的大嬸們
在那邊偷看

兩段兔兒神傳說,不知道大家比較喜歡哪一種版本的?

其實神明沒有我們想像的傳統封閉,反而是對多元都抱持開放跟支持呢。

只要是真愛都能得到神明的祝福,如果也有想要兔兒神保佑能找到同性的真愛的,在台灣可以去新北市中和的威明堂,或是高雄大社慈德宮南宮紫府參拜,幫祝福愛情路上順利喔!

# 標本變神像？

## 嘉義新港・喜歡地瓜葉的兔爺將軍

除了兔兒神，也有真正的兔子在廟裡被供奉的喔！

在嘉義新港奉天宮後方，有一間主祀池府千歲的新港東興廟。一般神壇下方都會有供奉座騎虎爺，這間廟下面卻很不一樣，供奉的是兔爺將軍（又稱兔仔公）。

傳說神明當年指示，這間廟的風水是名為「兔穴」的吉祥寶地，所以神壇下有兔爺將軍的神像（廟內也有虎爺，供奉在神桌上）。

廟方當年還曾養過兔子來當作廟的吉祥物，後來兔子老了自然過世後，廟方把兔子做成標本，取代兔爺神像供奉，和王爺共享香火。

這邊的信徒都很喜歡兔爺將軍，以前供品都會送上胡蘿蔔，直到幾年前兔爺將軍降乩表示，自己比較喜歡吃地瓜葉，所以現在廟前種了很多蕃薯葉盆栽，就是廟方讓兔爺將軍能想吃就吃的貼心設置。

記得看過報導，兔子其實比較喜歡啃牧草，還有其實不能吃太多紅蘿蔔，會容易拉肚子甚至維生素A中毒。所以說不定兔爺將軍真的有這困擾，才降乩表示不要再給祂紅蘿蔔了吧。

# 動物神界人氣王！

## 守護你跟你家的寵物·下壇將軍虎爺

虎爺民間信仰俗稱虎爺公、下壇將軍、虎爺將軍等，最早是土地公、城隍爺、保生大帝等神明的座駕，後來加上民間對虎爺兇猛的形象，有守護村庄、辟邪、保護的功能。

若說到台灣民間信仰，動物神界的人氣王肯定虎爺是TOP 1，關於虎爺的資料也特別多。

這邊要來介紹我們可愛、勇猛又疼小孩的虎爺！祂又有什麼特別或有趣的傳說呢？

# 小孩 & 毛小孩的義父！

因虎爺大多供奉在神桌下方，與小孩視野的高度差不多，所以也一直被當作小孩的守護神。

比如因為虎食豬，所以拜虎爺能治療小孩子的豬頭皮（是一種臉頰腫脹的腮腺炎）。

除了保護兒童，有些地區會讓小孩拜虎爺為義父，在現代也可以讓你家毛小孩拜虎爺為義父，虎爺會保護可愛的小孩跟毛小孩。

虎爺也有驅逐邪魔精怪的效果，所以時常當廟會、慶典時的前導開路，招財的技能也很受歡迎！

下次在廟裡拜拜時，別忘了彎腰低下身，祭拜可愛威猛的虎爺喔！

奇怪的義父增加了！

# 促成毛小孩普渡專區

在農曆七月中元節前後，廟宇都會舉辦普渡的法會，給無主孤魂的好兄弟們飽餐一頓，現在也有宮廟開始會普渡動物靈。

原因是很多現代人選擇不生育，把毛小孩當作家人，寵物過世也有法會喪禮的儀式。

新聞報導二○二○年農曆七月時，台中一名帶著貓咪來拜過廟裡虎爺的民眾，夢到媽祖跟虎爺接連託夢，要他幫毛兄弟們辦一桌普渡專區，他醒來後去台中的復興宮擲筊，也得到神明的應允，於是請廟方協助，也獲得廟方主委幹部們同意，便在普渡法會裡設立無主的毛小孩普渡專區祭拜，祭品包含貓、狗罐頭及飼料等，且每年都會續辦這個毛小孩普渡專區，讓流浪在外的動物靈也能吃飽喝足。

# 也有人形形態的版本

雖然虎爺一般是在神明的座下供奉，所以稱下壇將軍，但依照虎爺的神格，供奉位置並不一定在神座下方，有的會在神桌上供奉。

這類虎爺都是神格較高，大多被稱之為天虎。神格會提升、成為天虎的，有的是修煉升格，有的則是背後有特別的故事。

像新港奉天宮的虎爺，就是因為當年在夢中救過嘉慶皇帝，皇帝後來覺得救命恩虎怎麼可以放在地下？於是下令升級虎爺受封，虎爺從此升格，擺在神桌內殿供桌上給人供奉。

根據網路資料，祭祀天虎的廟宇有新港奉天宮、祀典興濟宮、朴子配天宮、板橋慈惠宮、朴子大糠榔開基祖廟、朴子牛挑灣龍安宮、左營新庄子青雲宮、旗山天后宮、民雄大士爺廟中廟的五虎將軍廟，甚至高雄苓雅的五塊厝慈聖宮裡，還同時奉祀有天虎將軍及黑虎大將軍。

特別的是在台中市外埔區高鐵高架橋旁的義虎堂虎爺將軍廟，裡面的虎爺將軍除了是在神桌上供奉的，還是虎面人形，身穿金戰甲、手捧玉如意的形象，非常帥氣喔！

給我紙箱幹嘛，當我貓啊！

一般神座底下
供奉的虎爺

升格為神桌上
的天虎後

# 炸雞業者大戰肯德基！

## 台南市北區・上壇將軍愛吃雞

一般的民間參拜虎爺，都建議用生雞蛋跟生肉，但其實參考很多廟宇的建議，真的沒有一定的標準。

就像前面介紹過，喜歡吃肯德基的清華大學土地公，喜歡到託夢時指名想吃肯德基，不知道肯德基是不是有找了土地公業配，（還是因為一樣是白髮老人所以很搭？）就算一樣是土地公，喜歡的食物也有差。

而在祀典興濟宮裡，也有個愛吃肯德基炸雞出名的虎爺。

這位虎爺是供奉在神桌上的上壇將軍，據說是在二〇〇九年時擲筊，虎爺反應不想再屈於桌下的緣故。

而虎爺愛吃肯德基的傳聞，是因為有信眾拜了肯德基後凡事無往不利，於是傳聞也越傳越廣，興濟宮的虎爺每年聖誕，常常一拜就是百盒炸雞桶來給祂祝壽。

有次舉辦台南古城節活動時，舉辦了幫虎爺集資買炸雞的活動，其他知名的炸雞業者胖老爹跟炸雞洋行也共襄盛舉，提供了一百份的炸雞，要參加虎爺擲筊，感覺就像在對虎爺說：我們家的炸雞也不輸肯德基，虎爺要不要品嚐看看啊，感覺也很想要得到虎爺的美味認證呢！（再次強調我真的沒有收肯德基業配的錢）

報導說當時台南古城節活動，會讓現場參與的人跟虎爺擲筊，擲到的就能帶一份炸雞回家。據說是小朋友擲筊，幾乎每擲必中，真不愧是小孩的守護神！真的特別疼愛小朋友呢。

另外提一下，在北港的武德宮的黑虎將軍則是吃素的虎爺，祭拜時要注意祂只吃素、不吃葷，這是因為武德宮的武財公指示。而在台南安平觀音亭裡的虎爺則是因為是佛寺吃素。

其實不只是虎爺，雖然有的神明可能有傳聞對特別祭品的喜好，但各廟宇都會有不同的規矩，所以如果不清楚、擔心犯禁忌，還是先問過廟方人員比較保險，也不需過度擔心，只要有誠心，拜什麼神明都一樣會保佑的。

我在「台灣虎爺公信仰與欣賞」社團裡，也看到過馬來西亞檳城的網友分享，他們的祭祀虎爺時，會先用肥肉和蛋為虎爺抹嘴，再把肥肉壓到虎爺頭上，這有壓小人、去霉運的意思。

肥肉放在頭上的
馬來西亞虎爺

肉是不是
有點太大了？

蛋→

# 在警察局裡服務？

## 台南市學甲區‧派出所裡的虎爺刑警

據說是爆料
台南美食名單
被通緝。

台南學甲分局裡，曾經有供奉一尊警察虎爺。

除了頸上掛著一副手銬，身上還穿有CID字樣的神衣（Criminal Investigation Department，刑事警察）。

據說原本是分局裡的賴姓偵查佐家裡的賴府千歲指示，把友人經營的雕佛店裡的一塊木頭雕成虎爺，帶到南鯤鯓代天府開光，在經過分局裡的長官同意後，讓虎爺神像在自己局裡辦公桌旁駐駕一段時間。

後來警員屢屢破案、逮捕通緝犯建功，不少人覺得是虎爺相助，幫忙員警抓到犯人，大家便幫虎爺取了「偵查虎」的名號。

目前這尊虎爺已經請回員警家中供奉，但相信偵查虎仍繼續幫忙學甲分局，庇佑著學甲當地的治安平安吧。

# 解救眾生苦痛之神

菩薩兩字是梵文的音譯，全名是「菩提薩埵」。

「菩提」指的是覺悟，而「薩埵」則是有情的眾生，也就是說，只要發自內心行菩薩道、解救眾生痛苦的人，都可以稱為菩薩，所以我們也會說樂善好施的人有「菩薩心腸」。

觀世音菩薩雖然是印度佛教的神明，但在佛道儒三教融合的信仰中，可說是信仰地區最廣泛、也最多人拜的神明了。

日本在台的日治時期，雖然禁止漢人祭拜漢人神明跟祖先，但因日本佛教也拜觀音，所以並沒有禁止。

當時很多人會以彩色的觀音畫像（稱觀音媽聯）為掩護，將神明藏於其後，也可說是其他神明的守護神呢！

# 是男是女？
## 無性別的觀世音菩薩

觀世音菩薩的性別一直都是討論的話題。佛教的觀念裡，觀世音是沒有性別和固定化身形象的，而是因應眾生的需要而現身說法。

祂可以化身為佛、辟支佛、聲聞、梵王、帝釋、自在天、大自在天、天大將軍、毘沙門、小王、長者、居士、宰官、婆羅門、比丘、比丘尼、優婆塞、優婆夷、婦女、童男、童女、天、龍、夜叉、乾闥婆、阿修羅、迦樓羅、緊那羅、摩　羅伽、人、非人、執金剛神等。

在各種典籍中，觀音菩薩各有化身，甚至有三十三觀音之說，大乘佛教對觀音應化的三十三種形象的稱呼。

雖然我們看到的觀世音菩薩神像大多都是女性的姿態，不過其實魏晉南北朝到唐朝以前都是男法相。後來因為女法相親民，加上民間有了菩薩是妙善公主的傳說，才改以女法相的形象流傳。

而在台灣，其實在客家人祭拜為主的新竹縣北埔鄉北埔慈天宮裡，也有男法相版的觀音神像喔！

廟的主神觀世音，就是男法相的觀世音。

廟方說男女觀音的分辨方法，是女法相戴白頭紗，男法相觀音戴頭冠。但也因為是戴頭冠，所以廟方說常被誤認為地藏王菩薩呢！

如果有機會去北埔慈天宮，別認錯菩薩了喔！

## 觀初音

### 栗子頭在看初音未來的影片

# 少女跌倒變成神

## 台南市鹽水區・肉身涅槃成道

大豐南天宮雖然主祀廣澤尊王和關聖帝君，但很特別的是，在後殿供奉的，是由肉身涅槃成道的活佛「蔡觀音佛祖」，信徒都稱祂為蔡觀音媽或蔡觀音。

故事發生在日治時期，蔡觀音的後人都還能拿出日治時代的戶口名簿當做憑據，蔡觀音在一八七六年出生，本名為蔡鴛鴦，家住鹽水田寮，在兄弟姊妹裡排行第七。

傳說她出生之時就有異象，並有不同於人的仙風佛骨氣質，從小就很受長輩喜歡。

在她十三歲時，遇上了六甲赤山龍湖巖的觀音佛祖出巡隊伍，蔡鴛鴦在跟隨隊伍看熱鬧時，裹小腳的她不慎跌到，雖然扶起後沒有受傷，但回到家之後就臥病在床，再也不踏出房門一步。

蔡鴛鴦回家後也像變了一個人一樣，開始只吃素、不吃葷，天天在房內打坐靜修。

家人擔心蔡鴛鴦，她也請家人不用替她擔心，她沒有生病，也不用治病。

雖然蔡鴛鴦不出房門、閉關修行了好幾年，但神奇的是她人在房裡，卻能知道外面發生的事，像是告訴哥哥牧童偷懶、甘蔗被牛隻偷吃等。

甚至能預知到未來的天氣，會有長達四、五十天的雨天，告知農婦們提前預備曬的柴火備用，還有跟農民說接下來種植什麼農作物，必可豐收等，都一一神準，還有幫人開藥治病等，對當時的居民來說，她已經是等同活菩薩的存在。

有次六甲赤山龍湖巖觀音佛祖出巡遶境時又來到了大埔，佛祖的鑾轎卻特地到蔡家前駐駕停留，居民們都猜想，這是觀音佛祖在傳授佛法給蔡鴛鴦。

因為沒有讀過書的蔡鴛鴦，有次對自己來探望她的朋友表示，她都去赤山龍湖巖上學，拜觀音菩薩為師學習佛法，更把所學的文字寫給家人朋友們看。（這大概是台灣真正最早的遠距上學紀錄了）

同學，
今天線上課程
要上到第七章喔！

上次的作業記得
上傳到善財童子的
網路硬碟裡喔。

菩薩早安！

有次朋友來找她，明明天氣涼爽，在房內的她卻全身是汗，蔡觀音說，是因為剛剛龜山島有海難，她前去幫忙漁民免於海難，才會全身汗濕。

也有漁民表示，曾在海邊遇到疑似是蔡觀音的白衣少女，給予要出海的漁民可能會有的風雨災難預言，因預言神準，原本不信的漁民，後來再遇到白衣少女出現，也必依她之言，謹慎小心出海捕魚。

妳不只汗水，
頭髮上面還有
海帶貝類欸。

哈哈哈哈，
本想說是運動所以流汗，
這下沒辦法瞞了。

剛潛到海裡救人，
有點狼狽啊。

蔡鴛鴦在到了三十六歲時,已經預知自己即將得道成神,先去請了兄長去台南市區內採買了佛龕衣帽,且要家人不要替她難過,反而要開心的張燈結綵。

她自己沐浴更衣後坐進龕裡,迎接自己肉體生命的結束。並交代家人,等自己坐龕七天後,再去報告官府。

就在蔡觀音在坐龕後十多天後,有一位乩童好奇,拿著紙炬進入室內偷看,結果意外引發了火災。蔡觀音的肉身雖然完整,但左肩傾斜,在後來蔡觀音降駕扶乩時,表示「佛身」現不足世人瞻仰,擇日將肉身埋葬到墓地。

後來埋葬的墓地發出豪光,大豐南天宮的關聖帝君也降乩指示,蔡觀音已成佛得道,並指示雕塑金身,把蔡觀音的佛骨放入金身中。

從此,蔡觀音金身供奉於台南大豐南天宮後殿之中。

南天宮前殿的廣澤尊王跟關聖帝君也成了蔡觀音的護法神，在遶境時為蔡觀音開路。

最早南天宮祭祀的神明廣澤尊王，也傳說與蔡觀音有淵源。因為在蔡觀音還沒出世前，有一位中國人隨身帶著玲瓏精緻的廣澤尊王神像，在路過大埔時，廣澤尊王突然降駕，表示要定居在大埔、保護此地居民。

因為當時大埔人口稀少，庄裡也沒什麼錢，只能簡陋的蓋了草壇將尊王安祀，後來才知道廣澤尊王挑選此地定居，是為了蔡觀音出世後，要擔任護法佛駕的任務。

蔡觀音降世後三年，也從迎來關聖帝君和廣澤尊王同祀於草壇。

# 真・海賊後代

鄭成功是台灣最有代表的歷史人物之一，擁有民族英雄、傳奇人物、神明、祖先等各種形象，也因為開台帶來很多移民的關係，被列為神祇後，得到開台聖王、延平郡王、開山尊王、國姓爺、國姓公、國聖公、國聖爺等封號。

雖然實際活在台灣的時間僅短短一年，卻擁有超多傳說故事，看得出鄭成功帶領漢人開台開墾對先民的影響力。

很多先人感謝他

最後反清復明雖然沒有成功，但鄭成功在台時期也是漢人朝代最後的政權，一起來聽聽開台聖王成神後的各種傳奇故事吧。

# 在海邊撿貝殼時誕生

## 日台混血國姓爺

鄭成功的母親為日本人，是住在肥前國平戶藩的田川氏，父親是武士田川七左衛門，後因母親改嫁泉州移民，母親隨繼父改姓翁。

一六二三年時，鄭成功的父親，也就是知名的海賊王鄭芝龍去日本平戶發展事業時，在那邊娶了田川氏。

懷了鄭成功後，鄭芝龍人在台灣附近發展、不在身邊的田川氏在一六二四年時，獨自在家附近不遠的海邊撿貝殼，突然陣痛臨盆，在一顆大石頭旁生下了鄭成功。日本平戶還特地在海邊立了鄭成功的兒誕石，而平戶當地也有立鄭成功的廟，與台南市一直都有鄭成功節的文化交流。

鄭在母親身邊沒多久，一六三〇年就被接去中國了，隔了十幾年後，才被特許接到福建省的安平鎮一家重聚。

但後來清兵攻陷安平，田川氏為了避免被凌辱，採取了切腹的方式自我了斷。等鄭成功救援趕到時，母親已過世，鄭用了當時日本人的習俗儀式，將母親的肚子內臟取出，清洗乾淨後再放回肚子裡，這樣的儀式也有還母親清白之身意思。

也因此，有人說鄭成功一生這麼堅持反清復明，跟報殺母之仇有很大的關係。

國姓爺不只是台日混血，據說還是美男子喔！

還會閩南語跟日語，根本金城武！

那不稀奇，Ptt上也滿滿都是金城武啊！不信我貼金城武新聞下面就會出現。

# 玉皇大帝輪值說？

先聲明，玉帝輪值說只是某一宗派教義的論點，因為玉皇大帝在道教裡，大多是代表著至高無上的天，和對天地的崇敬演變而來，所以最早的玉帝是沒有形象、只有一塊聖牌代表的。

而關於國姓爺當上玉皇大帝的說法，由來可能要追溯的民國初年，在雲南扶乩成書的《洞冥寶記》，書中記載了玉帝換位的說法。

而在台灣鸞堂扶鸞出來的《瑤池聖誌》裡，有著玉皇大帝輪值的記載，還詳細列出了十八代玉皇大帝的每一位身分。

其中國姓爺在裡面，接任了第十九代的位置，而上一代還是大家很熟的關聖帝君。

這種輪值說法我覺得也蠻有想像空間的，其實也蠻好奇玉帝如果是真的輪值制，那是怎麼選出來的？是投票還是推舉呢？

我以前也當過班長欸！

是因為你很被同學信任嗎？

不是，是因為推派提名那天我請假沒去。

# 原住民們，對不起

雖然鄭成功以前常被稱為民族英雄，但當年在駐台期間，曾有迫害原住民的事件，所以原住民一直都有不該把鄭成功英雄化的聲音。

就在二〇一六年，台南國姓爺廟鎮門宮廟宇的主持人林先生表示，他受鄭成功託夢指示，將在八月十四日的壽誕上，連續三天舉辦祭祀「原住民英靈與調解法會」，要向三百多年前，在祂駐台期間受到壓迫的原住民道歉、和解。

不管相不相信神佛之說，神明託夢為自己的過錯道歉真的是聞所未聞，當時連國外新聞媒體BBC都有報導這件事。

當時的詳細過程，有台灣電影紀錄片＜看不見的台灣＞拍攝記錄到，通靈人受命幫「國姓爺」牽線西拉雅祖靈「阿立祖」的事件，如果對民俗通靈有興趣的讀者，也可以找來看看喔！

我要為我當年買了PS4，卻騙妳買的是網路路由器的事道歉。

所以我這次買這台空氣清淨機，讓家中空氣好一點，希望能彌補妳

你當我都不會看到廣告嗎？

# 不是冤家不聚頭

讀過鄭成功歷史的,應該知道施琅曾是鄭成功的部將,但後來背叛鄭成功投靠清廷,帶領清兵反攻台灣,變成清朝的征台功臣,跟鄭成功有著重大恩怨。

而好巧不巧,在本島唯一祭祀施琅的廟,就在台南城隍街附近的六合境油行福德爺廟裡,距離延平郡王祠大約只有兩百公尺。

據說管理人葉先生,當年連續兩個月不間斷的夢到一位長鬍鬚的將軍,對方自稱是施琅,想要他幫忙蓋廟,但管理人因為不熟歷史並不認識施琅,在經過鑾轎問事降駕後,確認施琅將軍已封神,便讓施琅在廟裡濟世。

三百多年過了,廟方表示兩人都成神了,也早已放下恩怨,現在延平郡王遶境時,也常來到他們這,坐同一頂轎出去。

三百年前的仇人,在三百年後,在同一個境內當神,一起守護台南,也是很有趣的景象呢!

另外在台南忠義路上的鄭成功家廟,當初施琅攻下台灣後,有特別到此祭拜鄭成功,在中庭的地方跪著流淚,訴說他降清的無奈。

現在在家廟中,有一塊庭石磚顏色較淡,傳說就是因為施琅跪在這裡哭泣的緣故,即使幾百年過去了,這片石磚的顏色還是跟一旁的顏色不一樣。

# 不是臨時抱佛腳，
# 是蜜蜂抱神腳！

## 台南中西區・萬蜂聚集的延平郡王祠

求抱大腿！

抱大腿求成功！

每年生日前後，會出現大量蜜蜂飛來神像的左腿上，等到時間過了，就會再集體消失。這種現象已經反覆出現多年，廟方也見怪不怪。民俗說法是開台聖王以前的部將變成蜜蜂，回來跟當年的主帥請安，這神奇現象也被稱為萬蜂請安。

賀聖誕！
長官！我們來給
您慶祝生日了！

160

蜜蜂附著在
開台聖王
腿上的情形

不愧是台南，
連神像感覺都很甜，
甜到長蜜蜂！

最好是啦！

在神明生日時,有昆蟲出現祝賀的除了開台聖王,另一個很有名的是位於嘉義縣阿里山森林遊樂區受鎮宮裡的玄天上帝。

每當農曆三月初三,都會有被稱為神蛾的枯球籮紋蛾會出現,飛到廟內玄天上帝神像上停駐。這幾年來,都約有八到十隻飛蛾,最多時還曾達到二十多隻喔!

回到蜜蜂,跟台南的延平郡王祠不一樣,彰化永靖鄉的延平郡王廟,則是因為神像底座被蜜蜂築了個巨大的蜂巢而上了新聞。

蜂巢可不只是黏在腳上而已,而是底座中空的部分,整個被蜂巢填滿了!頭痛的廟方找來消防隊來幫忙,先用吸塵器把蜜蜂吸走,再徒手挖出裡面的巨大蜂巢。

因為裡面的蜂蜜瞬間流出,整間廟有兩、三天,都是蜜香四溢的狀態。看來開台聖王好像真的特別受蜜蜂的喜愛欸。

國姓爺在台南景點熱賣的周邊有成功啤酒、成功零食系列,不考慮也賣成功蜂蜜嗎?

好像真的很適合台南欸!

# 廟門有阿多仔門神！

## 台南市安南區・獲頒台南市民榮譽證

廟都有門神，我們一般常見的，多是古代名將的門神。但是由阿多仔來當門神的，台南府城天險附近的鹿耳門鎮門宮，可就是獨一無二了。

廟裡主神是開台聖王，鎮守大門的門神有三對，其中一對是身穿古代武將服、手拿槍跟矛盾、光著腳的荷蘭人。

為什麼鎮門宮是畫荷蘭人當門神呢？

原來是因為畫門神的油畫畫家，一方面是覺得當年鄭成功打敗了荷蘭，所以應該由荷蘭人來服侍國姓爺才對；一方面是想敘述鄭成功雖然當年與荷蘭人打仗，但打贏後也善待投降的荷蘭人，給他們裝備、糧食，送他們搭船回國，所以畫荷蘭門神，有鄭成功收來當副將的意思。

荷蘭的駐台代表也把這荷蘭人當門神的創意，當作荷蘭跟台灣的歷史連結和藝術創作來看待。

我的房門後，有貼女神三上X亞沒穿衣服的海報。

不知能否夢到女神來求衣服。

我來把你打到升天看女神！

廟方有次祭典時，還很慎重地辦過幫門神選鞋的儀式。將鞋子都擺在香案上，一雙一雙的擲筊問祂們喜歡哪雙？

結果荷蘭門神選鞋有點猶豫，還出現立筊，遲遲無法決定，最後乾脆問是不是全部都喜歡？結果居然真的聖筊同意！

## 小孩才做選擇，我全都要（握拳）

台南市政府還為了兩個門神三十幾年來庇佑鹿耳門，體恤祂們的辛勞，幫祂們取名為鹿風跟耳順，並頒給祂們台南榮譽市民證，歸籍成為正式的台南人。

在廟裡，這兩位將軍的立體神像，就站在鄭成功母親翁太夫人的神桌前當護衛，手上還拿有台南榮譽市民證聘書，十分可愛！

有機會到鹿耳門，可以來看看成為鞋子富翁的荷蘭門神們喔！

我們是
台南榮譽市民喔！

台南市府發的聘書認證，
正港台南人！

這聘書怎麼怪怪的？

全糖市

能喝台南手搖飲
甜度全糖的
認證證書

# 阿多仔神在台灣

在台灣這片土地上，除了原住民和從明鄭時期到現在為主的漢人，
還有荷蘭、西班牙、日本等國家的人們來過的歷史紀錄。
從台灣民俗信仰裡，可以看到很多對本地人好、有善行的外國人在
死後被升格為神明膜拜的廟宇。
漢人的廟宇混搭國外的文化元素，這是台灣民俗信仰裡很值得一看
的特色。這邊挑選幾則外國人在台成神傳說，介紹給大家！

# 祭祀阿多仔的萬應公廟

## 屏東縣恆春鎮・來自荷蘭的八寶公主

在墾丁的大灣路停車場裡，有一座供奉荷蘭公主的八寶宮，當地人稱八寶公主廟。

八寶公主廟是間萬應公廟（俗稱的陰廟，祭拜無主孤魂），其中祭拜的八寶公主，傳說是位荷蘭來的公主。

一九三一年時，在墾丁的大灣海灘上，張姓居民發現了一具骨骸。因以前人相信看到無名屍，會被無主孤魂煞到、帶來厄運，所以他將骨骸裝甕，然後放到萬應公祠裡祭祀，以免對方跟上他。

沒想到幾年後，村裡有人像發瘋一樣，沒來由的放火燒屋，其他人因為害怕，請來乩童詢問神明，沒想到乩童卻突然講起了外語。

請來懂外語的翻譯後才知道，骸骨說自己是百年前，在當地被害死的荷蘭公主。因為沒有船能搭回國，心有怨念才作亂村莊。

村民想做了一艘紙船推到海邊燒給祂，希望祂能搭船回國，沒想到到了海邊，推了三次船都不走，乩童又表示八寶公主改變心意不回去了，想留在墾丁這邊，造福鄉里。

村民最後與祂達成協議，繼續留在這個地方庇佑當地的村民，但是要萬應公廟讓出三分之一的土地讓祂當居所。居民照做，也把紅毛公主的骨骸單獨建立小廟祭拜。後來多年演變下，萬應公廟也變成了現在的八寶宮。

關於這位荷蘭公主，在恆春縣志中也有紀錄，墾丁一帶有個遭遇船難後被殺害的公主。
其中提到八寶的由來，是因當時在戰亂時期，原住民誤認八寶公主是男人，將其誤殺，並帶走祂身上的八項戰利品：頭巾、皮箱、絲綢、木鞋、戒指、耳墜、鋼筆和紙，所以才有八寶的稱號。

二○二一年時，台劇＜斯卡羅＞掀起了一陣台灣歷史討論熱潮。
戲裡的主線故事，起因是美國商船在台灣海域發生船難，船上的船員們逃難時，誤闖排灣族的地盤而被殺害。
這裡面提到被害的美國船長Joseph W. Hunt的夫人，也被聯想到，是否可能是墾丁的這位八寶公主？

但也有另一種說法是，祂是荷蘭王室的瑪格麗特公主，跟隨荷蘭東印度公司派駐來台灣，尋找祂的丹麥情人威雪林。
但才剛到台灣，就聽到情人已被西班牙人殺害的消息。當祂想前往被殺害的地點憑弔時，卻在恆春一帶擱淺，逃上岸後又被原住民當作闖禁區的入侵者，被斷頸殺害的故事。（但這則說法被荷蘭駐台辦事處回應過，這位公主並沒有離開過荷蘭，過世也葬在荷蘭。）
唯一可以確定的是，當年台灣沿海真的船難很多，當時人們來台灣討生活，得先經過一片危險的海域，人們都是賭上生命在海上拚搏的。

雖然很多歷史學家以不同立場去分析，想探清祂究竟是荷蘭還是美國人，但祂的真實身分可能混雜了不同的歷史事件而成。
但我們可以跟著這些傳說，更進一步跟著了解台灣當時的歷史。這樣再聽這些傳說時，感受也會有所不同呢！

# 討阿嬤內褲穿的魔神仔？

關於八寶公主的故事還有一起延伸事件。
在二○○八年七月時，屏東一位老婦人在墾丁的社頂山區採野菜時人間蒸發，失蹤了五天四夜後，警方在搜山時總算找到了她。
老婦人稱這五天裡，自己是遇到一位高大、紅髮、大臉、沒有穿衣服的女魔神仔把她帶到山裡亂轉，她靠吃月桃葉心果腹才保住性命。

且魔神仔還要求自己把身上的內褲給她穿，老婦人受到驚嚇，只好真的脫給她。

紅髮？附近的村民聯想到會不會是荷蘭公主在作祟？於是找乩童請示，乩童表示真的是八寶公主回來報當年的仇，且下了詛咒，要讓社頂死十個人。

那年社頂部落確實半年已死了六個人、三人重病，當時部落村民都害怕第十人就是自己，於是趕緊舉辦超渡法會，請來墾丁大光里觀林寺的觀音、部落的三奶宮三奶夫人、部落老祖及土地公眾神合力當和事佬，雙方簽署永不侵犯及下詛咒的契約，一泯三百多年恩怨情仇。

部落耆老為了安定住民的恐慌，自九月十五日連續七天，在一心寺舉辦梁皇寶懺及焰口超渡法會。

據說在法會最後一天，夜空中拍到疑似八寶公主的靈體，大家覺得是八寶公主開心地離開了。雖然不知道祂是否真的放下恩怨了，不過當地居民心裡安定了不少，當地也據說平靜了。

不過也有一些當地人跟廟方持反對意見，認為八寶公主是守護神，怎麼可能是魔神仔？畢竟都已經是有廟供奉的神了，何必上山搶內褲（？）

所以紅毛女魔神仔是不是因為阿嬤內褲不是西洋內褲才生氣？

畢竟大家都覺得阿嬤內褲不好看嘛。

不過想要拜八寶公主，要記得供品不可以拜八寶粥喔！八寶公主的供品其實蠻西洋的，比如化妝品、咖啡、紅茶等，果然是外國神，還真是洋派啊！

我覺得深山有八寶魔神仔作祟不可怕。

路上的移動式神主牌三寶比魔神仔恐怖多了。

# 神明中的戰鬥機！

## 台南市安南區・日本人成神的飛虎將軍

飛虎將軍本名為杉浦茂峰，生前是日本舊海軍飛行員少尉。

一九四四年的二戰時期，他駕駛零戰戰機迎戰美軍，兩軍於台南海尾寮莊上空對戰，他的戰機尾翼被擊中。

為了避免飛機墜落造成人民重大死傷，祂沒有選擇立即跳機求生，
而是將飛機往外圍空曠的東邊魚塭、農地飛去後才跳傘逃生。
但跳傘後還是被美軍戰機擊中，降落傘由高空墜落，陣亡。

戰後，村莊發生了鬼魂作祟的靈異傳說。
村民常看到有白色鬼魂在夜晚時出沒在村莊各處，而鬼魂出沒的地
點，耕地的牛會腹瀉；養殖魚塭的魚長不大；豬隻性情大變，相互
撕咬。

許多當地村民都不約而同做了同樣的夢，夢到一位鬼魂要求祭拜。

剛剛是你攻擊我的村莊？

我也為此而來～
不、不對！我是希望你們祭拜我！

海尾人村民於是請示海尾朝皇宮的保生大帝，神明解夢，得知是陣亡的杉浦茂峰顯靈要求安居此地。

民眾感激杉浦犧牲自己、保全人民的義舉，於是為祂祭祀。之後村裡也恢復平安，據說還出現連翻肚的魚也馬上恢復活力的奇蹟。

村民也在一九七一年建祠，而朝皇宮保生大帝也將杉浦氏納為徒弟，賜封為「飛虎將軍」。

「飛虎」是戰機的意思，「將軍」為其尊稱，村民並於一九九三年改建為飛虎將軍廟。

我收你為徒，升格成神吧！

我不當鬼了！
JOJO！

再分享一點飛虎將軍的軼聞。

台灣以前全國瘋行大家樂，當時只要能出明牌的廟，不管正神、陰神都門庭若市。

但因為飛虎將軍畢竟是日本人，語言不通，所以一直沒有乩童。後來信徒盛情難卻，也開始靠手轎仔用畫的方式，傳達神意賜牌給信眾。

後來保生大帝傳達了表示「你這樣不行」的旨意，因為保生大帝是提拔祂當神的大人，飛虎將軍就停止了出牌支的行為。

大漢了～
可以出明牌了膩？

師傅！對不起！

台南腔

但保生大帝那邊廟裡做熱鬧時，降駕廟口站燈篙，竹篙的高度數字居然剛好是那期大家樂的特尾仔號碼。

有趣的是，飛虎將軍早年手轎寫的都是日文，且當時的轎手並不會日文，但近年已經變成會寫中文了。

請教廟裡人士後，得到的回答是：

住台灣這麼久，中文也該學會了啊！

日本神明也完全在地化了。

這是日本人由鬼升格變成神的故事。

飛虎將軍一開始也是屬於萬應公、水流公的陰廟（指祭祀鬼的廟）。

像這樣成為陽廟正神的案例，需要有靠其他正神託夢，或是乩童降駕代傳已經被天庭玉帝封神，但也有可能是修煉夠了，才可以開廟濟世成為正神。

像這樣由陰轉陽的例子其實蠻多的，在日治時期，有些日本人因為對台有善舉，死後被感念、蓋廟成神的，比如嘉義東石鄉富安宮裡，本名森川清治郎的義愛公；在宜蘭，本名小林三武郎的小林土地公等都是。

現在飛虎將軍鎮安堂除了本地居民參拜外，也因為日本媒體的報導，變成很多日本人來台旅遊想朝聖的廟宇景點，每年也都會有日本的參拜團前來祭祀交流，可說是台日友好最佳證明。

外國人神

二〇一四年時，還有日本人感謝台灣人在三一一日本大地震救助的恩情，知道飛虎將軍沒有神轎，就募款設計了和風神轎給飛虎將軍。

神轎內部參考了保生大帝的台式神轎，外部是日式神輿的型態，神轎頂上面還有戰鬥機，兩側有日本銅錢串。這樣台日風格合併的神轎，每當廟會遶境時，總是非常吸睛。

飛虎將軍是祭祀方法也很特別的神明。

廟宇每天都要播放祂必聽的日本國歌跟海軍軍歌，而祭祀的特殊祭品則有清酒和香菸。這是因為祂託夢給村民，說自己菸癮很重，所以祭祀祂的神桌上有拜香菸的專用架。（且一定要是濃菸，祂一天抽三包）

幾年前菸害防治法上路後，廟方有跟飛虎將軍商量，是不是該戒菸了？但飛虎將軍還是很堅持要當癮君子。（不過我想當神還好，沒有健康問題（笑））

還有一件趣事。飛虎將軍曾降駕指示，祂懷念故鄉，想要回日本探視，在日方的協助下，終於二〇一六年九月二十一日成行。

廟方人員帶團帶著飛虎將軍神像返回日本老家，茨城縣水戶市一圓祂探望故土的夢。這件事在水戶市當地也造成轟動，水戶市政府也特地接機。

神奇的是，在返鄉之旅途中，乘坐的火車路途上突然緊急煞車，發生不知名的故障停了一分多鐘。

透過火車窗口一看，發現竟剛好停在飛虎將軍十七歲時受訓的飛機訓練場，這個巧合讓跟團的媒體都覺得不可思議，感覺就是飛虎將軍想好好看看過去的回憶之地。

# 萬物總動員！

道教裡萬物皆有靈的概念，當然包含非生命體的物品。

舉凡人類家內的窗、灶、井、門等，在古時就都被賦予神靈的傳說和祭拜，也看得出古人對物品珍惜的尊重。

有些神話裡，物品神還兼有觀察人類的任務，像是跟玉帝篇裡說人類壞話的燈猴，每年都會在年底，回天庭　報人間善惡的灶神等。

有的地方祭拜灶神時，還會把甜食塗在灶君圖像的嘴巴，就是希望祂上天庭報告時講話甜一點。

雖然很多物品現在都變古董了，但物品神的故事還是很值得一聽喔！

# 由來跟藏屍體有關？！

## 照顧小孩要禁酒

人每天最常相伴的傢俱，應該就是床了！

那你知道床神嗎？台灣古早就有拜床神的習俗。床神是兒童守護神，又俗稱床母或是公婆母。

想想我們在床上的時間就占了人生三分之一，床神當然對人很重要，而嬰兒因為有更長的時間都在床上，所以有床神的保護，小孩才能好好長大。傳說如果孩子在睡覺時微笑，就是床神在跟他玩。

床神在宜蘭也被稱為「鳥母仔」，誕辰是農曆七月初七。因為跟七娘媽（王母娘娘的女兒，也有一說指的是織女，也是兒童守護神）同一天，所以過去家裡有小孩的人家，除了祭拜七娘媽之外，也會在下午祭拜床神。

床神的由來有好幾個版本，其中一個版本，是一位叫作郭華的書生，他在準備上京考試的路途上，認識了一位賣扇子的姑娘，情投意合，在投宿旅店的當晚就結為夫妻。

這比迪士尼公主早期套路的進展還快，一見鍾情到晚上就結婚了！超級閃電啊！

我們可是純愛啊～

但是悲劇也在當晚發生了——郭華莫名暴斃死在床上。

（沒錯，瞬間就從浪漫戀愛故事變成懸疑命案。故事裡也沒有詳細
死因，如果是柯南，這時候薩克斯風的主題音樂大概就響起了）

他是不是在想我們
進展得有點太快了

我好像真的
太快升天了。

賣扇的姑娘怕被親朋好友發現，就把屍體藏在床下。姑娘也沒有料
到自己居然懷孕了，過了一個月後，生下了孩子，每當姑娘想起孩
子的父親時，就會在床前祭拜。

旁人好奇問她在祭拜什麼？姑娘就編了個理由，說是在拜能保佑她
寶寶平安長大的床神。這個理由後來被傳開，這才開始有了床神。

另一個版本則是情侶版，床下的變成是死去的姑娘。（床下藏屍到
底是多不會被發現）

關於拜床神還有個禁忌，就是不可以拜酒。

床神若酒醉睡著會疏於照顧，人類警語是酒駕不開車，看來床神是喝酒不帶小孩。

還有傳說床神喜歡麻油雞，（那麻油雞是不是不能加太多米酒？）其他還有不用給筷子、不可以拜太久，燒完金紙後就要趕快把祭品收起來，這樣床神才不會花太多時間享用祭品，才能勤於照顧小孩。

床神沒有塑象跟畫像，一般都只有床頭焚香的瓷碗代表神位。

前面提到的七娘媽，則是要在庭院與前陽台拜，或者去台南開隆宮，這是全台唯一主祀七娘媽的廟，每年更有按照古法，為孩子「做滿十六歲的成人禮」。

這項儀式已有數百年歷史，發源於台南府城五條港一帶。由於當時府城為重要港口，民眾靠港口搬運、綑工等維生，年紀未滿十六歲的工人，只能領童工的薪資，所以父母會帶小孩去廟中祭拜七娘媽、做十六歲的成年禮，一是感謝保佑小孩平安長大，也有慶祝孩子可以開始賺錢的含義。

台劇＜斯卡羅＞裡，也有港口搬運工的劇情，說自己已經十六歲，可以領薪水的橋段，現在這項儀式已經變成台南每年特色的習俗活動盛事。

連外地縣市學生、外國人都慕名前來，廟方笑說忙到要辦兩場儀式才能消化全部人數。

我小時候也有去參加過這個儀式，真的是台南人很多人的回憶，很有意思。

# 中秋節限定・與神同遊

## 彰化鹿港・籃仔姑與掃帚神

農曆八月十五是中秋節，大家都知道要賞月、吃月餅，不過我想現在中秋節時，烤肉的重要性已經比前兩項要高了（笑）。

在彰化鹿港小鎮，中秋節晚上流傳著女孩玩「關籃仔姑」，男孩玩「關掃帚神」的請神附身遊戲。

這是一種請神降臨起乩的宗教遊戲，有些老一輩的鹿港人中秋夜會玩這種神秘的遊戲。

但在遊戲背後，其實有個悲劇故事。

籃仔姑傳說是一個可愛的小女孩，因為父母過世，與哥哥相依為命，但嫂子動不動就打她罵她，還常常不給她飯吃、逼她去豬圈裡睡，三歲的籃仔姑在這樣的虐待下，三歲便在豬圈裡過世了。

中秋夜時，少女們要招喚籃仔姑，必須準備一個「新婦仔籃」，把一件小女生的衣服提在手上，用來當作籃仔姑的身體，再用一條手帕綁住籃仔的提手當作頭，並把手帕勾畫出五官的樣子。

在籃中放入胭脂花粉等供品，最後請一位少女點線香，去豬圈裡去祭拜，請籃仔姑降臨，然後兩位女孩坐在提籃旁、用黑布蒙住眼睛，雙手一起扶提籃，其他女孩則一起圍在周圍，一起念召喚籃仔姑的詞句。

反覆唸約十分鐘後，提籃的一位女孩便會不自主的顫抖，頭部搖晃有時還會哭泣，這時表示招喚籃仔姑成功了。圍繞的女孩們可以提出問題來問，但因為籃仔姑只能利用搖晃籃子的次數來回答，所以需要是能用數字回答的問題。

結束時，請叫那位女孩的名字，就會回神了。但在過程中，不能喊：「阿嫂來了！」籃仔姑最怕虐待她的嫂嫂，這樣一喊，籃仔姑當晚就很難再關起來了。

可以問籃仔姑
數學題目嗎？

……

籃仔姑表示：
數學不會
就是不會。

男孩則是玩關掃帚神的遊戲。

一樣在中秋夜裡，男孩們圍在一起，一個人坐在椅子上，手拿一隻新掃帚。頭要低下來，用額頭頂住掃帚頂端，眼睛閉緊，其他的人手都要拿三炷香。

一位拜月娘後，把線香插到男孩拿的掃帚上面，一旁的人則幫忙搖動香柱，並一起重複念請掃帚神的咒語。

跟請到籃仔姑一樣，招喚到掃帚神時，坐著的那位小孩會身體晃動起來，雙手會依然彎腰，頂著掃帚四處掃地。

接著，另一個小孩會拿著收集起來的香站在頂掃帚的小孩前面，操縱他前進還是轉彎，頂掃帚的小孩就會邊掃著地，邊跟著前進或轉彎，有點像人在控制人體版的掃地機器人。

有些孩子會壞心的引導讓附身的孩子走到泥巴地或水溝，作弄被掃帚神附身的孩子。

結束時，拔掉被附身操作者掃帚上的線香就能清醒，換別人體驗。

在一九九四年時有舉辦過這項民俗活動，當時下場一起體驗的老外在玩掃帚神時，身體真的跟著香操作，四處彎腰掃地。

詢問老外感想，他也覺得真的很神奇，明明自己的意識是清楚的，但手腳就是不聽使喚，直到被退神時才解除，真的是很不可思議的體驗。

據說鹿港的請神遊戲還有扁擔神、畚箕神等。

這類請物品神的儀式，跟民間信仰的萬物皆有靈有關。且不只鹿港彰化，廣東、福建一帶的移民也有這種降乩習俗，儀式也都有些類似的地方，只是道具不同。

不過比起恐怖感很重的碟仙，這種請物品神的遊戲好像比較不那麼可怕。

是說原來有長輩們童年都招喚神靈來玩，這還真是刷新我對童年玩遊戲的概念啊。想到小孩可能回憶童年時，自己小時候玩任天堂長大的；鹿港的長輩可能是：「我小時候都跟神玩。」感覺超酷欸！

如果現在的掃地機器人也有物品神

那我家的貓是被控制，還是牠控制掃地機器人神？

貓覺得自己就是神吧。

# 值得一看的奇廟祭典

我收集了這片土地上，比較鮮為人知的特別廟宇及神明，與值得一看的民俗祭典。
有些祭典很值得去體驗朝聖，有的則是收錄台灣人跟神明之間的互動故事。
神明保佑信徒，幫信徒解決問題，而台灣人也會把神明擬人對待，替神明可能有的需求巡找解決方法。

台灣人與神之間的信仰模式，可能比你想的還可愛喔！

# 今晚誰當家？

## 屏東縣潮州鎮・在警察局輪班的神明

人工作上有時要輪班，但連神明都有輪班制嗎？
一般想到警察局，應該都會先想到大門進去的值班台吧？但在屏東縣潮州分局內居然有廟宇，且這間警察廟裡，也做了一個迷你的值班台在神桌旁，由五位不同的神明負責輪班喔！

警察廟裡的神尊，當初是從潮州水果集貨市場的紙箱裡撿來的，很可能是當時的六合彩賭徒因為損龜，才被洩恨丟棄的落難神明。

五尊神明裡有關公、濟公、三太子、土地公和三山國王的三王爺。因為公告也沒人領，警察局同仁就集資在警局後蓋了小廟，誠心供奉。沒想到警局好像真有神助，破了不少案子，每當遇到案件陷入膠著，來拜拜後都可以解決。

因為靈驗事蹟傳開，警察廟的香火也跟著鼎盛起來，附近的民眾也會來參拜。剛開始還只是一個小小的神龕，當時神像旁的牆壁，還貼滿了各種警用武器裝備跟偵防車，感覺真的是神明隨時要出勤的配置。

最貼心的是，因為車子出勤需要加油，警員還給祂們配給了中國石油和台塑石油的加油卡，讓神明們出勤時開車可以無限量加油。

（前面我介紹過LV媽祖有信徒提供信用卡黑卡，沒想到警察局的神明有中油加油卡XD）

# 神明也有Monday blue

神明輪值又是怎麼回事？

原來是民眾來問事時，常常擲筊了卻發生神明不在廟裡，出去雲遊了的狀況，於是與神明擲筊討論後，神明聖筊同意了輪流每神輪流值班一週，就像是警察一樣輪流值班，讓來拜託神明的民眾不會再遇到神明放空城的窘況。

我想神明可能也有星期一症候群吧？

現在警察廟已翻修成較大的廟，牆上的警槍警車圖也換下了，但多了特製的迷你值班台，跟有神明照片的輪值卡在輪班台旁，讓來參拜的信眾可以知道現在是哪位神明在值班。

這麼特別的「警察廟」，有機會去屏東潮州時，可以找輪值神明聊天喔！Google地圖搜尋「潮州警察廟」就可以找到位置了！（不過千萬不要是做壞事被捕上潮州警局喔）

（神明卡片沒有SSR
跟星星，請勿當真）

# 神啊！我弄丟了我的車！

## 南投竹山・殉職的帶槍名捕

在聖義廟裡的聖義元帥紅旗公，傳說是清朝光緒年初的捕快，名叫蘇阿乖。某次在現今竹山附近與土匪交戰，與部屬共三十六人不幸全數犧牲，好心的居民把他安葬在現在廟後方的樹下。

後來，有位名叫林水木的務農居民，在晚上經過蘇殉職安葬的地方時，看見有飛來飛去的紅火。

據民間傳說，這種紅火屬於聖火，於是林水木去廟裡擲筊問神，得知是蘇阿乖要來濟世了，所以幫蘇阿乖立了紅旗公的碑。設立「紅旗公祿香位」石碑後，再以墓廟合一的方式供民眾祭拜。

在一九七九年的正月十九號，紅旗公的乩身表示，祂已經被玉皇大帝冊封為聖義元帥。但當時廟裡只有墓碑、沒有金身，雖然想要幫紅旗公刻雕像，卻沒人知道祂的形象為何，無從參考。

正在大家困擾時，就當去找了雕刻師，想與對方討論，師傅卻開口直說：「不用跟我說了，我知道你們為何而來。」（當然不是為了攻擊村莊而來啊）

雕刻師說：「紅旗公昨晚顯靈給我看了。」他刻出拿槍的紅旗公神像，且槍枝不同於我們的現代槍械，拿的是清朝時期的步槍火銃，站著弓箭步的姿勢，像軍人的刺槍術站姿。

遠程攻擊系！

也許是身前是捕快和警察形象接近，感覺就像警察神，所以連業務內容也很像。

紅旗公最擅長的，就是幫人找尋失物，很多人到此祈求找回後答謝。

尤其是特別會找遺失的車輛，據說三十年來找回了萬輛的失蹤車輛，廟裡貼了滿滿的尋回感謝照片。有時警察辦案遇到膠著時，也會前來祭拜。

下次如果有失竊、覺得很難找回來的讀者，也許可以找聖義元帥拜拜求幫忙喔！

槍是下等人用的武器。

沒聽過「神」槍手嗎！

# 看劇選擇困難症

## 嘉義縣六腳鄉・百座戲棚謝娘媽

嘉義縣的娘媽堂，供奉的主神為娘媽。

早年居民有多找娘媽求藥籤，也因為娘媽很靈驗，逐漸成為當地的信仰中心。

當農曆三月十七日娘媽聖誕時，信眾們為了答謝娘媽，還願時都會獻上布袋戲戲棚演出來感謝娘媽對他們的保庇。

此時會有數百座戲棚沿路搭好搭滿，演出時間更是長達半個月之久。加上布袋戲棚都很華麗，看起來非常壯觀。

像這樣可以看到數百座的布袋戲棚的景象堪稱一絕，感覺全台灣的布袋戲棚應該都集中到這邊了吧！

這種戲棚超多的奇景，還有嘉義縣鹿草鄉的余慈爺公與嘉義縣溪口鄉天宋宮天宋媽。

不知道為何，在嘉義特別盛行用爆炸多的戲棚來幫神明慶祝聖誕？！

不知娘媽會不會就像我們看第四台一樣，有幾百個頻道而選擇困難呢？

我們底下的觀眾也會剩下兩百分之一欸

兩百多台在演，沒辦法啊，第四台收視率不也是這樣。

娘媽有看最重要。

# 從戒鴉片到戒菸

## 雲林四湖鄉・信仰與政策的結合

衛生所曾請關聖帝君擔任拒菸大使！

衛生所人員表示，找關聖帝君當拒菸大使的點子，是因為因當地的四湖參天宮是關聖帝君信仰重鎮，祂的地位特別崇高，講話也比較有份量，想結合當地信仰的緣故。

而且在社區彩繪牆上，畫有著關聖帝君的戒菸圖看起來也很可愛，據說實施的效果真的不錯呢。

# 台南市鹽水區・阻斷吸毒歪風

其實說到幫助戒菸這種任務，以前在日治時期，就有關聖帝君在幫助人們戒斷鴉片的紀錄呢！

清朝時期，台灣吸食鴉片的陋習風氣盛行，當時不論是官員鄉紳請客，還是商人談判，都會在席上放置吸食鴉片的器具。

根據一九○三年日本人所做的調查，當時每一百個台灣人裡，就有約五個人吸食鴉片。

而一八九七年時，就有廣東的鸞堂開設的戒鴉片班流傳到台灣的記載。鸞堂裡的協天聖帝就是關聖帝君，也就是大家俗稱的關公。

在台南的鹽水大豐南天宮，裡面奉祀的關聖帝君也有過幫村民戒斷鴉片的事蹟。

當時的南天宮還是草堂，剛迎來關聖帝君神像時，據說就指示要戒斷村民吸食鴉片的歪風。

當時村莊裡的某顆榕樹下，有間提供吸食鴉片的草舍。草舍裡的人專門製作比鴉片更傷害人體的土煙來販售給村民，受土煙癮傷害的村民逐日增加。

而關聖帝君剛到，就下令禁止吸食，並將吸食的煙具、煙盤交出銷毀，並以化丹水一桶及草藥煉製丹丸置於神壇，給上癮者服用。

戒斷者要在神前發誓戒毒連續一週，期間雖然戒斷症狀痛苦，但戒毒成功的人也不少，消息傳開後，吸引很多戒毒者前來誓願戒絕，還因此當地有俗諺「大埔關帝廟，清水治鴉片」。

神明前發誓也許增加了戒毒者的意志力，有效果加成吧，不過看起來關聖帝君真的不管是戒菸戒毒真的都很有實績啊！
如果有想要拜神明幫忙推一把的，不妨找關聖帝君拜拜試試喔！

# 求子的人看這裡！

## 彰化縣秀水鄉・嬰兒車進香遶境奇景

在彰化縣的聖靈宮，宮主祀蘇府王爺，配祀五府王爺與太子爺。
這間廟有著用嬰兒車代替神轎，載神尊們遶境進香的特色儀式。
為什麼這麼特別是用嬰兒車呢，原來這是跟信眾求子儀式有關。據
說推了推車去進香或遶境的信眾，都有很高的機會成功求子。

廟方說，最早是廟裡的李府王爺降駕，交代主委去買了六台嬰兒
車。廟方人員一頭霧水，王爺則表示嬰兒車是要給神明進香時坐
的，並指派了六個人來推嬰兒車。
後來廟方才知道，王爺指定要推車的人，就是心裡想求子的夫妻。

但當時廟方人員都黑人問號，不知道王爺的用意，但王爺都交代了，廟方當然照王爺意思辦。只是神尊坐不坐得下嬰兒車也是問題啊，所以廟方還很仔細的量了神明座位，再去百貨公司買嬰兒車。

## 在百貨公司裡量嬰兒車的尺寸

我可以為您服務，請問是多大的孩子要坐呢？

是我們廟裡的神明要坐的。

來了奇怪的客人？？？？？

看廟方在神明坐的嬰兒車上還下了不少巧思，有的配置專用雨傘，幫神明們遮陽；有的貼著字牌，寫著：吾帥嘛？可愛嗎？彷彿神明講的設計對白，看到都會會心一笑。

推著嬰兒車走的遶境畫面真的是很可愛，遶境結束後，王爺也會把嬰兒車送給推車的信徒，保佑夫婦未來求到的嬰兒能平安健康長大。

因為進香遶境推嬰兒車的信眾，有人推完隔年就生了小孩，因此廟方連續好幾年都續辦神明嬰兒車遶境，給想要求子的信眾報名。

也因為有不少成功的案例，吸引越來越多人慕名前來。有想要求子的讀者，不妨到聖靈宮試試這特別的求子祈福儀式！

# 民女俊神的一見訂終身

## 屏東縣九如鄉・人神聯姻的傳說

民間信仰的三山國王，三山指的是中國廣東地區的巾山、明山、獨山三座山的山神，隨移民向外擴展，成為很多漳州閩南人與潮州客家人的精神信仰。

在台灣屏東的九如三山國王廟，有個人神結婚的知名故事。

傳說在一八一九年，當時的三山國王正舉辦遶境出巡的活動，經過麟洛莊的溪橋時，一名叫徐秀桃的婦女跟其他村女一起在溪邊洗衣服。

當遶境的隊伍經過時，徐秀桃被鑼鼓聲所吸引，抬頭看見一位騎著白馬、身穿黃袍的俊美男子，兩人四目相交，霎那間一見鍾情。

徐秀桃心中小鹿亂撞，不自覺的把心聲說了出來：「如果能嫁給他，不知道有多幸福？」但奇怪的是詢問一旁的村女時，卻只有徐秀桃看見了那位美男子。

隔了沒多久，突然河邊飄來一個木盒，徐秀桃一開始推開盒子，但盒子又飄回來，反覆幾次後，受不了好奇心，徐秀桃終於撿起盒子打開來，發現裡面有一枚戒指。

徐秀桃拿出戒指試戴後，竟然就脫不下來了。回到家後，徐秀桃日夜思念著那位男子，茶不思飯不想，身體也一天比一天消瘦。

家人眼看這樣下去不是辦法，就去廟裡請示神明，神明表示：那天小姐看到的是三王裡的巾山大王爺，撿到的木盒和戒指是王爺送給徐秀桃的聘禮。

因為王爺要娶徐秀桃回去，所以病是不會好了。並指示徐秀桃過世後不能下葬，要把身體放在一個金甕裡，再安置在一棵家園裡的楊桃樹下。徐秀桃過世後，後人便稱祂為「王爺奶奶」，徐家人則稱祂為姑婆，相信祂已經與王爺在一起，過上了幸福的日子。

當時剛好是唐山過台灣的移民時代，九如是閩南人村莊，而麟洛是客家人村莊，經常發生閩客之間種族的械鬥、造成死傷，但因為這段人神聯姻，讓兩個村莊由冤家變成親家，彼此開始有了互動，化解了兩村的心防。

九如人稱麟洛人為阿舅，王爺奶奶生日時，九如人要來麟洛慶壽，在需要搭竹筏過河的當時，麟洛人只要去九如人經營的渡河口，表示自己是麟洛人就能免費搭乘；麟洛人過年也會去九如，替王爺奶奶上香。

兩個村莊因為人神聯姻加深了了解、少了族群的糾紛，甚至讓人覺得，說不定這樁婚姻最大的背後原因，就是為了讓兩村能變成親家、化解仇恨、族群融合。

現在王爺奶奶的廟是當年她的家。王爺奶奶指示了乩童跟家人：請幫祂雕塑祂跟王爺兩人的神像在家裡供奉，並在供桌前放的兩張藤編的椅子，這是每年初二回娘家時，王爺奶奶跟王爺所要坐的椅子。

王爺奶奶據說很疼小孩，所以也是孩童的守護神，如果家裡生了孩子，可以去廟裡登記，取得寫著男森丁的燈籠掛在家門口，女生則是懸鳳燈，王爺奶奶回娘家遶境時，會保佑他們平安長大喔！

# 農曆七月限定！

## 台南市安平區·運河旁的星光大道

台南安平靈濟殿原名「仙史宮」，主祀伍府大恩主公，每年農曆七月九號都會舉辦特殊普渡祭典，至今已有百年歷史。

一般寺廟農曆七月，俗稱鬼月，都會舉辦普渡，但靈濟殿卻是在農曆七月九號舉辦孤棚祭。

傳說孤棚祭的由來是安平的港仔尾社地區。這裡以前是航運的碼頭，有一次，這邊的碼頭工人有次跟五條港的碼頭工人因為糾紛發生鬥毆事件，一位名叫陳柱的工人失手打死了人，被捕快逮捕入獄。

依當時的律法，殺人是死罪。但港尾仔社的人覺得陳柱是被冤枉的，希望官府能將他無罪釋放，也向老大公及靈濟殿神明乞求，陳柱終於在農曆七月九日被判自衛無罪釋放，工人們認為這是老大公及神明的庇佑。（老大公是比一般好兄弟更厲害的等級或是神明）

為了感謝老大公，從 一八五三年後，就每年在這個時間祭拜老大公。雖然孤棚祭有個「孤」字，但跟屏東、宜蘭的搶孤祭典模式不同，會先用四根大柱子架起約二三樓高的孤棚，四根柱子尾端吊掛四隻豬，並在柱子上纏繞空心菜篙餞（空心菜據說代表了無心，表示希望好兄弟吃完後不要留戀人世）。

最有特色的是，會從孤棚上方牽引一條超長的白布到一旁的台南運河水裡，象徵搭引橋。

除了祭拜老大公，也要有讓水裡的好兄弟們能順著白色的布橋走上孤棚的祭台、接受祭品的意思。

這條白色的長布就像是給好兄弟走的星光大道，布條旁還插滿像燈火一樣的香柱，在中途還放有男女分開的澡堂、讓好兄弟梳洗的特別儀式。

祭典裡還有一個特色，就是供品的香腸豬，是用很多香腸纏繞成豬的樣子。這種祭品目前在台南其他的祭典裡都有，而最早開始流行的地點，就是安平這一帶。這樣既不用像過去使用整隻豬的祭拜、過於浪費，分食也很方便。

靈濟殿的孤棚祭已經被列為台南市定民俗文化資產，不僅是安平的傳統文化，也是地方認同感與凝聚力的傳承。

原來台南很久以前就有拜拜用的3D豬拼圖啊？

不要講成地獄梗啊！

# 燃燒吧！一萬斤木炭！

## 宜蘭縣五結鄉・全台最大的過火儀式

宜蘭二結王公廟又名古公三王廟宇，雖然平常各地的拜拜日是分散的，但在農曆的十一月十五日，會統一舉辦王公廟的二結王公過火儀式。

這項過火除穢的民俗儀式，是被登記為中華民國文化資產的活動，而在進行儀式前，信徒會迎著神轎、跟著王公去村子，沿路尋找躲藏起來的乩童，就像神明在玩捉迷藏一樣！

在台灣民間信仰裡的乩童，一般是因為神明有需要人在進行儀式時能附身在他身上，作為幫神明傳話的代言人，所以乩童大多是與神有緣，身體體質特殊的人。

不要模仿○魚遊戲！
而且這是木頭人吧！

傳說這個抓乩童的儀式，原本王公在村子裡找到有精神疾病、需要治療的村民，帶去參加過火儀式後，村民的病就會痊癒。現在演變成乩童先躲在村子沒人知道的地方，讓王公自己用神力去抓出乩童，像是捉迷藏一樣的儀式。

王公當找到躲藏的乩童後，會降駕到乩童身上，跟隨隊伍回到廟埕前，進行過火的正式儀式。

所以如果沒有找到乩童，過火儀式就無法開始。在村子裡進行找乩童的活動時，二結的遶境隊伍會跟著王公的神轎在馬路上沿路尋找，而且大家是不能穿鞋子的，要赤腳在大馬路上走全程。

若是天氣太熱、柏油路很燙的話，這個捉迷藏真的滿辛苦的，不過，也許剛好可以作為過火儀式前的適應暖腳。（？）

王公也會沿路順便路祭抓鬼，讓地方平靜。

找到躲藏的乩童後，乩童會被很長的銅針貫穿臉頰，過程中不能說話。接著再上到神轎上，跟著隊伍回到廟埕，進行過火。這就是完整的抓乩童過程。

二結王公的過火儀式，是台灣最大規模的過火儀式，過火的火炭堆得像小山丘一樣高。早年跳過火使用的硬木炭，重量將近兩萬斤，現在因為講求環保，所以減量到一萬餘斤。

過火前，會將鹽和米擲在火炭上，做除煞的動作，鹽也有降低木炭溫度的功能。最後信徒抬著武轎或抱著神像，依神明位階順序，跑過炭火山丘。祭典畫面很壯觀、難得一見，非常值得來宜蘭朝聖！

宜蘭古諺有「驚王公生，不驚過年」這句話，指的就是過二結王公的壽誕祭典，比農曆新年還重要喔。

參考 資料

## 【最親民的神明里長伯】

- 書籍
  《眾神的領地：遇見安平信仰400年》作者：曹婷婷、黃蓓珊

- YouTube
  台灣大代誌 / https://www.youtube.com/watch?v=spP-khSydW0
  　　　　　　https://ppt.cc/fyx8lx
  三立新聞網SETN / https://baodao.setn.com/news/909639
  　　　　　　　　https://www.youtube.com/watch?v=QtoBS2qHQRc
  　　　　　　　　https://youtu.be/aWwSplk9_iI
  高點電視 / https://youtu.be/FU3UEXhv_Uk
  菜淘貴 / https://www.youtube.com/watch?v=LFTzCA1YgTc&t=329s
  寶島神很大 / https://youtu.be/UtHHnaBP_pk

- 新聞
  自由時報 / https://news.ltn.com.tw/news/life/breakingnews/1988072
  　　　　　https://news.ltn.com.tw/news/life/paper/1170461
  　　　　　https://news.ltn.com.tw/news/life/paper/273141
  　　　　　https://news.ltn.com.tw/news/society/paper/166406
  　　　　　https://news.ltn.com.tw/news/society/breakingnews/3668911
  　　　　　https://news.ltn.com.tw/news/life/breakingnews/3848680
  娛樂星聞 / https://star.setn.com/news/432864
  寶島神很大online / https://baodao.setn.com/news/870669
  　　　　　　　　https://baodao.setn.com/news/905373
  今日新聞 / https://bobee.nownews.com/20180910-24644

- 維基百科
  四結福德廟 / https://ppt.cc/fnBoJx
  下厝福德祠 / https://ppt.cc/fdJWsx
  魷魚公廟 / https://ppt.cc/fajJbx
  做七 / https://zh.wikipedia.org/wiki/%E5%81%9A%E4%B8%83
  金山集福宮 / https://ppt.cc/f6mscx

- 其他網路資料
  楪兄的廟會角頭文化 / https://s1368123.pixnet.net/blog/post/19726261
  吳敏顯筆記簿 / https://ppt.cc/fyhFmx
  批踢踢實業坊 / https://www.ptt.cc/bbs/marvel/M.1411373194.A.162.html

## 【眾神之王天公伯】

- 書籍
  《神靈臺灣‧第一本親近神明的小百科》作者：林金郎
  《一本就懂台灣神明》作者：陳虹因

- 新聞
  民視新聞 / https://www.ftvnews.com.tw/news/detail/2018214W0005
  民俗亂彈 / https://think.folklore.tw/posts/277
  公民報橘 / https://buzzorange.com/......./9-pic-to-explain-tw-old-folk/

参考 資料

## 【你所不知道的天后佣！】

- 書籍
  《媽祖婆靈聖》作者：林美容
  《我的媽呀！林小姐》作者：三立電視

- YouTube
  寶島神很大 / https://www.youtube.com/watch?v=_oVvlXoeyis
  高點電視 / https://www.youtube.com/watch?v=JMHgM4GTQo0
  　　　　https://www.youtube.com/watch?v=xcJh4o20yb0&t=1016s
  　　　　https://youtu.be/HMOCLh4nD4w
  台灣大代誌 / https://www.youtube.com/watch?v=xbBpQaoavwg
  　　　　　https://www.youtube.com/watch?v=ZYXE5L3nNNg&t=616s

- 新聞
  自由時報 / https://news.ltn.com.tw/news/novelty/breakingnews/3411108
  　　　　https://news.ltn.com.tw/news/local/paper/1225553
  三立新聞 / https://www.youtube.com/watch?v=j_CdVqZxtxU
  　　　　https://www.setn.com/news.aspx?newsid=285951
  中華日報 / https://www.cdns.com.tw/articles/375826
  今日新聞 / https://www.nownews.com/news/5624693
  　　　　https://ppt.cc/fw7HFx
  　　　　https://ppt.cc/f3pKqx
  　　　　https://www.nownews.com/news/5623937
  太報 / https://supr.link/8KJbY
  橘世代 / https://ppt.cc/femOox
  這！不是新聞 / https://youtu.be/iMLf5OJ58dw

- 維基百科
  開基天后宮 / https://ppt.cc/fONAbx
  金包里慈護宮 / https://ppt.cc/fQ9rjx
  台中萬和宮 / https://ppt.cc/fVoL7x

- 其他網路資料
  民俗亂彈 / https://think.folklore.tw/posts/765
  台灣宗教文化地圖 / https://www.taiwangods.com/html/landscape/1_0011.aspx?i=41
  旺好運 / https://www.wantlucky.com/gods-ct/300
  白沙屯媽祖網路電視台 / https://www.youtube.com/channel/UC8aI3Ee6KoWwjq6dcORBh8w
  白沙屯媽祖婆網站 / https://www.baishatun.com.tw/
  行到水窮處坐看雲起時 / https://ppt.cc/fGsW7x

## 【醫療之神大道公】

- 書籍
  《台灣的鄉土神明》作者：姜義鎮
  《台灣舊慣習俗信仰》作者：鈴木清一郎著 / 馮作民 整理、譯
  《神靈臺灣・第一本親近神明的小百科》作者：林金郎
  《寶島神搜》作者：角斯
  《南瀛神明傳說誌》作者：許書銘、簡辰全、洪郁程、周茂欽

- YouTube
  高點電視 / https://youtu.be/pMRgRvrJwsl
  　　　　https://www.youtube.com/watch?v=TpO9BHF4E7c&t=99s

參考 資料

- Podcast
  台灣人台灣事 / 107 神明也會開藥單
  豐華學悅 / EP.12佳里區　撫平歷史傷痕-寧安宮完善爺
- 新聞
  風傳媒 / https://www.storm.mg/lifestyle/1081018
  民視新聞 / https://www.ftvnews.com.tw/news/detail/2018421U13M1
- 維基百科
  金瓜石勸濟堂 / https://ppt.cc/f4SVIx
- 其他網路資料
  民俗亂彈 / https://think.folklore.tw/posts/3324
  fandom網站 / https://ppt.cc/f4tqBx

## 【翹腳霸氣的守護神】

- 書籍
  《一本就懂台灣神明》作者：陳虹因
  《台灣舊慣習俗信仰》作者：鈴木清一郎著 / 馮作民 整理、譯
  《台灣的鄉土神明》作者：姜義鎮
- YouTube
  寶島神很大online / https://ppt.cc/felAYx
  現代啓示錄 / https://www.youtube.com/watch?v=cZ0ReAHLfUM
- Podcast
  寶島辣炮陣
- 維基百科
  廣澤尊王 / https://ppt.cc/fcOMXx
- 其他網路資料
  Facebook粉絲專頁　西羅殿大駕班 / https://ppt.cc/fMYITx

## 【守護城池領域的神】

- 書籍
  《台灣的鄉土神明 》作者：姜義鎮
  《台灣奇廟故事》作者：劉自仁
  《台灣史上最有梗的台灣史》作者：壯兔、黃震南
- YouTube
  台灣大代誌 / https://www.youtube.com/watch?v=i25ZpE7J1HQ
  　　　　　　https://www.youtube.com/watch?v=4ydmbpg9xug
  　　　　　　https://www.youtube.com/watch?v=PK6KoSjvEXA
  英雄說書 / https://youtu.be/aiolUNiNoMA
  現代啓示錄 / https://www.youtube.com/watch?v=U1ClPnTdPn4&list=WL&index=5
  民視新聞 / https://www.youtube.com/watch?v=QlBFt2XGfuY
- 新聞
  保庇新聞 / https://ppt.cc/fjRjPx
  今日新聞 / https://ppt.cc/fkSMcx
- 其他網路資料
  民俗亂彈 / https://think.folklore.tw/posts/3718

參考  資料

## 【不只是神明的得力助手】

● 書籍
《台灣的鄉土神明》作者：姜義鎮
《圖解台灣神明圖鑑》作者：謝奇峰

● YouTube
台視新聞 / https://youtu.be/MhjLPyCeW4A
台灣大代誌 / https://www.youtube.com/watch?v=iHvhdLX15YY
菜淘貴 / https://youtu.be/k7bqY04SgOM
哥文 / https://www.youtube.com/watch?v=YVrUHHy_iF0&t=89s
肥貓小站 / https://www.youtube.com/watch?v=6p47HUgvz5w

● 新聞
今日新聞 / https://ppt.cc/f13QCx
中時新聞 / https://www.chinatimes.com/fashion/20181018003354-263904?chdtv
自由時報 / https://news.ltn.com.tw/news/life/breakingnews/3217899
　　　　　https://news.ltn.com.tw/news/life/breakingnews/3232742
三立新聞 / https://ppt.cc/fuPAtx

● 維基百科
兔兒神 / https://ppt.cc/f6gldx
虎爺 / https://zh.wikipedia.org/wiki/%E8%99%8E%E7%88%BA

● 其他網路資料
Facebook粉絲專頁　微物史 / https://ppt.cc/fAEpQx
Facebook粉絲專頁　偵查虎 / https://www.facebook.com/CIDWHO/
民俗亂彈 / https://think.folklore.tw/posts/4432
故事 StoryStudio / https://storystudio.tw/article/gushi/the-rabbit-god/
熱血玩台南 跳躍新世界 / https://decing.tw/tainan-tigergod/

## 【解救眾生苦痛之神】

● 書籍
《神靈臺灣・第一本親近神明的小百科》作者：林金郎
《台灣的鄉土神明》作者：姜義鎮
《一本就懂台灣神明》作者：陳虹因

● YouTube
高點電視 / https://www.youtube.com/watch?v=uWmEhxGHWTc
台灣大代誌 / https://www.youtube.com/watch?v=gJhXmjv0vfc
禪理禪趣 / https://www.youtube.com/watch?v=vOC-fdhlWeo

● 新聞
旺好運 / https://www.wantlucky.com/news-ct/1218
保庇新聞 / https://ppt.cc/fYm18x

## 【真・海賊後代】

● 書籍
《台灣史上最有梗的台灣史》作者：壯兔、黃震南
《一本就懂台灣神明》作者：陳虹因

● YouTube
華視新聞 / https://www.youtube.com/watch?v=88l1Q3EJB-Q

https://www.youtube.com/watch?v=EWyXg-CZyZk
https://www.youtube.com/watch?v=AgESFyMluk8
高點電視 / https://youtu.be/N-_Vw8lkUbU
BBC中文網 / https://ppt.cc/fR61Mx
哥文 / https://www.youtube.com/watch?v=G6pkd6gSPL8
台灣大代誌 / https://www.youtube.com/watch?v=_BTq4COQmBw
688產經媒體樂銷網 / https://www.youtube.com/watch?v=LaFwlmpqOLY

●維基百科
　鄭成功 / https://ppt.cc/fp5rKx

## 【阿多仔神在台灣】

●書籍
　《都市傳說事典：臺灣百怪談》作者：何敬堯
　《蔡桑說怪：日本神話與靈界怪談，有時還有臺灣》作者：蔡亦竹

●YouTube
　中天電視 / https://www.youtube.com/watch?v=KZ11TOyA-Rw
　現代啟示錄 / https://www.youtube.com/watch?v=N_40iRQuPGw
　哥文 / https://www.youtube.com/watch?v=0gTUonW0XT4
　高點電視 / https://www.youtube.com/watch?v=N-_Vw8lkUbU&t=497s

●新聞
　自由時報 / https://news.ltn.com.tw/news/local/paper/245164
　　　　　　　https://news.ltn.com.tw/news/life/breakingnews/1300992

●維基百科
　飛虎將軍廟 / https://ppt.cc/fpUqmx

●其他網路資料
　故事 StoryStudio / https://www.youtube.com/watch?v=1r0NQAX1OEQ&t=137s

## 【萬物總動員！】

●書籍
　《寶島神搜》作者：角斯

●Podcast
　台灣人台灣事 / 121.照顧小孩的神明

●新聞
　保庇新聞 / https://www.nownews.com/news/5623403

●其他網路資料
　台灣女人 / https://women.nmth.gov.tw/?p=1848
　媽媽寶寶懷孕生活網 / https://www.mombaby.com.tw/articles/606
　真武山受玄宮 / https://ppt.cc/fjDg3x
　鹿港十宜樓，莊研育 / https://ppt.cc/f510Lx

## 【值得一看的奇廟祭典】

●YouTube
　寶島神很大 / https://www.youtube.com/watch?v=J2ZIL_1-I14
　台視新聞 / https://www.youtube.com/watch?v=mSv0XvGyc7s
　　　　　　 https://www.youtube.com/watch?v=SvFRrEYAtRQ

參考 資料

高點電視 / https://ppt.cc/fok9Fx
台灣大代誌 / https://www.youtube.com/watch?v=DLtzqucJy9M
陳信亞 / https://www.youtube.com/watch?v=0eSk3h5tRS0
華視新聞 / https://www.youtube.com/watch?v=AeabnR6v4ME
NUTN南大幫 / https://www.youtube.com/watch?v=6EAsWIQHOBY

- 新聞
  中時新聞 / https://www.chinatimes.com/realtimenews/20160817006265-260405?chdtv
  屏東新聞 / https://www.youtube.com/watch?v=wCg5mPMxJCA
  今日新聞 / https://ppt.cc/f4lCkx
  保庇新聞 / https://www.nownews.com/news/5622427

- 其他網路資料
  台灣宗教文化地圖 / https://www.taiwangods.com/html/landscape/1_0011.aspx?i=23

## 【其他參考資料】

- 書籍
  《一看就懂台灣文化》作者：遠足文化編輯組
  《拜拜哪有那麼難》作者：陳延昶
  《臺南青少年文學讀本：民間故事卷》作者：林培雅
  《靈界的譯者》作者：索菲亞
  《台南市故事集》（系列）作者：台南市政府出版
  《臺灣都市傳說百科》作者：楊海彥、謝宜安、阮宗憲、臺北地方異聞工作室

- YouTube
  台灣吧
  東森新聞
  新聞哇哇挖
  聯合新聞網
  露天小劇場
  肥貓小站
  cheap
  郭玟成

- Podcast
  細說台灣
  設計師仙界傳說 Oh My God
  南天門學堂

- 電影
  ＜看不見的台灣＞

國家圖書館出版品預行編目資料

神明怎麼那麼可愛：寶島諸神降落，有看有保庇！／海豚男作.-- 初版.--
臺北市：如何出版社有限公司,2022.08
　　224 面；14.8×20.8公分 --（idealife；35）

　　ISBN 978-986-136-631-9（平裝）
　　1.CST：民間信仰　2.CST：神祇　3.CST：臺灣
272.097　　　　　　　　　　　　　　　　　　　111009607

**Eurasian Publishing Group**
**圓神出版事業機構**
用心與你對話．視野無限寬廣

**如何出版社**
Solutions Publishing

www.booklife.com.tw　　　　　　　reader@mail.eurasian.com.tw

**idealife** 035

# 神明怎麼那麼可愛：寶島諸神降落，有看有保庇！

作　　者／海豚男
發 行 人／簡志忠
出 版 者／如何出版社有限公司
地　　址／臺北市南京東路四段50號6樓之1
電　　話／（02）2579-6600 · 2579-8800 · 2570-3939
傳　　真／（02）2579-0338 · 2577-3220 · 2570-3636
總 編 輯／陳秋月
副總編輯／賴良珠
專案企畫／沈蕙婷
責任編輯／丁予涵
校　　對／丁予涵 · 柳怡如
美術編輯／金益健
行銷企畫／陳禹伶 · 羅紫薰
印務統籌／劉鳳剛 · 高榮祥
監　　印／高榮祥
排　　版／莊寶鈴
經 銷 商／叩應股份有限公司
郵撥帳號／18707239
法律顧問／圓神出版事業機構法律顧問　蕭雄淋律師
印　　刷／龍岡數位文化股份有限公司
2022年8月　初版
2024年6月　7刷

定價 380 元　　　　　ISBN 978-986-136-631-9　　　版權所有 · 翻印必究